JIUDIANYINGCAI FANGFEIMENGXIANG
JIAOYUBU QUANGUOZHIYEYUANXIAO JINENGDASAI
ZHONGZHIZU JIUDIANFUWU SAIXIANGCHENGGUOZHANSHI 2017

酒店英才 放飞梦想
——教育部全国职业院校技能大赛中职组酒店服务赛项成果展示2017

全国旅游职业教育教学指导委员会 主编

北京·旅游教育出版社

《酒店英才　放飞梦想》（2017）编委会

编委会主任：计金标

编委会成员：韩玉灵　臧其林
　　　　　　刘　泓　朱承强

执 行 主 编：刘　泓

执行副主编：陈丽娜

编辑组成员（以汉语拼音音序排列）：
　　　　　　陈太钟　黄　利　施伟萍
　　　　　　孙嘉希　王怀岑

前　言

六月初夏，荷风送香。著名的江南历史文化名城、具有国际魅力的文化旅游城市苏州迎来了参加"2017年全国职业院校技能大赛中职组酒店服务赛项"的选手。来自全国各省、自治区、直辖市、计划单列市、新疆生产建设兵团的37支队伍共104位选手会集苏州角逐大赛奖次。

"2017年全国职业院校技能大赛中职组酒店服务赛项"由教育部、国家旅游局、江苏省人民政府等主办，连续三年在江苏苏州举行，苏州旅游与财经高等职业技术学校作为主要协办单位全程开展了赛项前期的准备工作。

2017年6月6日上午，"2017年全国职业院校技能大赛中职组酒店服务赛项"举行开赛式。开赛式上，大赛裁判员代表与参赛选手代表分别上台进行宣誓，承诺坚决服从大赛组委会的规章制度，坚持公平、公正、公开的原则，尊重大赛，赛出风格。随着开赛式的举行，"2017年全国职业院校技能大赛中职组酒店服务赛项"正式拉开序幕。赛事历时两天，本届大赛与以往赛项设置相比有了新的变化，实行一位选手参加两个项目的兼赛制，即宴会摆台、中式铺床由一个人参赛，改变了过去两位选手分别参赛的赛制，选手备赛量大、比赛难度增加、对选手现场发挥要求更高，也更能反映选手的专业技能水准和职校的教学质量。

2017年6月7日晚，"2017年全国职业院校技能大赛中职组酒店服务赛项"所有既定赛程按计划完成。本届是中餐宴会摆台、客房中式铺床合二为一的新赛制首秀，历经两天的激烈比赛，各项赛事完美收官。大赛全面考察了选手的整体技艺水平和良好精神风貌，更加明确地指导旅游职业教学的改革方向，很好地培养和发现了一批优秀旅游业技术技能人才，取得了预期的效果。整个比赛过程公开、透明，赛场设有摄像机全程录像。虽然赛制有所变化，但选手们较好地适应了新赛制。观众凭观摩证现场观看选手的比赛过程与裁判的评分过程，竞赛环节对公众开放。赛事除了吸引数百人到现场观摩以外，还吸引了光明日报、新华日报、中国旅游报等媒体和艾森网江苏频道等新媒体前来报道。

2017年6月8日上午，"2017年全国职业院校技能大赛中职组酒店服务赛项"举行闭赛式，全国37支参赛队400余名代表与会。闭赛式上，客房中式铺床、中餐宴会摆台、专业理论口试、专业英语口试的裁判代表分别做了点评，肯定了选手们精湛的技能和优异的表现，并对存在的心理表现、标准理解、职业礼貌等问题进行了分析，从静态结果质量和动态过程表现两方面，帮助各地参赛队反思总结"赛教育人"的质量。赛项专家组做总结点评，认为本届合项比赛带来了显著变化，不仅选手竞赛力度与娴熟优美兼具的难度更高了，而且使得本次比赛男女选手比例达到了3∶7，改善了以往男女失衡的现状。最后对获奖选手进行了表彰，参赛的104位选手中共产生获奖选手62名，占参赛总人数的60%，其中一等奖10名、二等奖21名、三等奖31名。

本届大赛秉持"开放办赛"的宗旨，面向社会各界、中外来宾开放赛场观摩区，并在场外设置苏扇、花艺、茶艺、核雕等苏州传统文化非遗技艺展示，在为市民、来宾、参赛选手提供休憩品鉴场所的同时，进一步弘扬了这些非遗技艺文化，丰富了办赛内涵和文化底蕴。

本届大赛周到的服务保障、严密的赛务安排得到了参赛选手的一致肯定。大家共同营造了规范公正、公平透明的竞赛环境，进一步促成尊重劳动、尊重技能、尊重人才、尊重创造的良好风尚。大赛进一步推进了"以赛促教、以赛促学"，引导各地各校找到差距、改进学习、继续提高，这是所有参赛选手共同的赛事收获。

本书以获奖选手的个人成长过程、大赛精彩片段和指导教师点评、评委点评为主要内容，以使读者领略选手的风采，探讨"以赛促教、以赛促学"的理念，总结和转化大赛的成果，促进教学和行业的不断提升和发展，实现职教为地区经济发展服务的目的。本书由全国旅游职业教育教学指导委员会牵头，联合旅游教育出版社，委托苏州旅游与财经高等职业技术学校编辑而成。感谢全国各职业院校在本书编撰过程中给予的大力支持，感谢全国旅游职业教育指导委员会给予的悉心指导。

本书图片大多来自现场拍摄，由于时间仓促和编者水平有限，书中难免有疏漏之处，敬请专家及读者提出宝贵意见和建议。

目 录

第一部分　大赛获奖选手 ··· 1
　第一节　一等奖获奖选手 ··· 3
　第二节　二等奖获奖选手 ·· 17
　第三节　三等奖获奖选手 ·· 44

第二部分　大赛总结——为了明天更美好 ·· 83
　第一节　领导寄语 ··· 85
　第二节　裁判点评 ··· 86
　第三节　专家点评 ··· 90

第三部分　附　录 ··· 93
　附录一　2017年全国职业院校技能大赛中职组酒店服务赛项规程 ············· 95
　附录二　2017年全国职业院校技能大赛中职组酒店服务赛项参考题库 ······· 120

第一部分
大赛获奖选手

第一节 一等奖获奖选手

一、李筱琦——来自江南水乡昆山，"不拼搏的人生是不会精彩的"

1. 个人成长过程

我出生在一座充满灵气的江南水乡城市——昆山。2015年，我考进了苏州旅游与财经高等职业技术学校酒店管理系。今年是兼项赛制实行的第一年，起初我觉得这太难了，因为我是餐厅赛项的选手，没有什么力气，客房这样力量型的比赛项目，对我来说实在太有挑战性了。但这并没有使我退缩，反而激起了我的斗志，我决定拼一把，因为我觉得，不拼搏的人生是不会精彩的。

国赛集训两个多月后，我进入瓶颈期，这让我一度产生消极情绪，并开始质疑自己当初的选择。这一切让朱老师看在眼里，为了让我重振精神，她带我看了《摔跤吧！爸爸》，主人公吉塔的成长经历深深地触动了我，我仿佛看到了自己的影子；这再次激起了我的斗志，借着这股冲劲，我在国赛中取得了理想的成绩。

2. 竞赛精彩片段

3. 指导教师点评

李筱琦是一位典型的江南女孩，初看文静秀气，骨子里却透着一股不服输的劲儿。今年首次实行中餐宴会摆台和客房中式铺床合二为一的新赛制，对选手来说是个很大的挑战，尤其是对李筱琦。由于李筱琦之前进行的都是中餐宴会摆台训练，现在要在3分钟内完成中式铺床，训练强度必须要成倍增长。她为了让自己更有力量，每晚都坚持去操场上跑步，不仅增加了力量、耐力，身材也更好了。平时训练时，由于有小时候学舞蹈的功底，摆台时她姿态优美，有节奏，对距离把握也很好。当训练重心转到中式铺床后，每天不断重复抛单、包角、套被套等动作，让她一度腰酸背疼，医生建议她用护腰，但因操作时极不方便，她仅贴了些膏药，又投入到紧张的训练中去。从校集训队到市赛、省赛、国赛，一路走来，正是她这股不服输的劲支撑着她，使她不断克服自身短板、挑战自我、实现自我。

国赛赛场上，第一天下午倒数第二场中餐宴会摆台时，她姿态优雅、有节奏、富有表演性；第二天下午倒数第二场客房中式铺床时，她的操作流畅、利落，整个过程一气呵成；在理论和英语口试中，她是唯一一个6名裁判都给满分10分的选手；最终，她在全国104名选手中脱颖而出，获得一等奖第一名。

二、赵志凌——来自文化古城苏州，坚信"付出终将有回报"

1. 个人成长过程

我叫赵志凌，生于苏州，为人正直善良，对传统文化有着浓厚的兴趣。我爱好健身，体育成绩优异，从小学开始，在各级体育田径赛中获得不错的成绩；我爱好画画，学习了苏州非物质文化遗产之一的桃花坞木版年画制作方法，所创作的作品获得老师好评，至今在课余时间还会帮助老师指导新手。2017年通过市赛、省赛的选拔，我参加了全国职业技能大赛。面临兼项的情况，两个项目要有更大提高是有难度的，客房中式铺床项目中，有节奏且零失误地完成整套操作对我来说是挑战；中餐宴会摆台项目中，托盘姿态的优美、折花动作的流畅对我来说更是挑战，但是我坚信"付出终将有回报"。训练过程中，我虚心听取老师的指导、同伴的建议，不断审视自己、提高自己，最终战胜了一个又一个困难，取得了成功。

2. 竞赛精彩片段

3. 指导教师点评

赵志凌是个典型的江南水乡的男孩，有着细腻的情感，待人处世随和；他是个自我要求较高的男孩，面对今年兼项比赛的情况，口布折花是他的弱项，但是凭着精益求精的精神，他口布折花的水平不断地在提高；他也是个有毅力的男孩，在整个训练过程中，从市赛、省赛到国赛，训练强度一次次加强，他从未喊过苦喊过累，坚持不懈地努力提高自己的综合技能水平，以期取得更好的成绩。

在操作训练中，今年比赛项目的大调整，对选手来说是很大的挑战。在客房中式铺床方面，训练是磨人的，有时候进步不是立刻能看到的，但是小赵从不气馁，一步步稳扎稳打地走过来，不放过任何一个细节，让自己在这个项目上不断进步。在中餐宴会摆台方面，小赵也是认真刻苦的，骨碟定位不准，多练；口布折花手不灵活，多练；斟酒量把控不好，多练，慢慢地，摆台技能越来越稳定。

在理论和口试训练中，小赵在背诵过程中容易出现审题、卡壳现象，针对这一情况，小赵采用多种记忆方法，如默写、自己听自己录音等方法反复记忆，慢慢地理论知识也熟悉了，背诵也游刃有余了。在英语题库记忆方面，英语是小赵的强项，但是语速容易过快，他为此也磨炼了很久，力求让自己在平稳的语速中发挥出水平。最终小赵的理论和英语口试都获得了不错的成绩。

今年的兼项比赛，对选手来说，时间紧任务重，但是赵志凌凭着坚韧不拔的毅力，度过层层难关，最终取得了优异的成绩！

三、陈莎莎——来自浙江宁波,"阳光总在风雨后,一分耕耘一分收获"

1. 个人成长过程

我是一个热爱运动、活泼开朗的女孩儿,就读于宁波市甬江职业高级中学,由于机缘巧合,我进入了技能训练队。"阳光总在风雨后,一分耕耘一分收获"始终是我坚信的一句话,这两年,在刻苦努力的训练下,我在宁波市比赛中荣获一等奖,获得了国赛选拔赛的资格!但赛项出现了变化,为了提高国赛选手的个人素质和技能,中餐和客房两项技能合二为一,这也让我倍感压力。双份的理论英语,双份的实操技能,那就要用双份的努力和刻苦来训练自己,提升自己!

褪去之前的青涩,披上光鲜的战袍,变得更加自信有魅力,我一路奋勇前行。在赛场上,通过干练技巧的操作,亲切可人的微笑,再加上对理论的把握,终于在赛场上摘得金牌!回想这两年的心路历程,酸甜苦辣尝尽,收获了喜悦也收获了荣誉。大赛的魅力就在这里,锻炼了我的技能,更提升了我的品质和素养,这将是我永远的财富。

2. 竞赛精彩片段

3. 指导教师点评

陈莎莎同学平日里活泼开朗，是学校的长跑冠军，然而穿上旗袍摆台的她像换了个人似的，仪态优美，微笑大方。近两年的训练，让她有了扎实的基本功和精细的操作技巧。在经过重重选拔后，今年的赛项变化又给大家出了个难题。初练客房时，她的手都磨破了好几次，她买了创可贴贴上，继续练习。凭着一股韧劲，她一遍又一遍地练习，从不喊累，最终坚持了下来。

在国赛现场，她自始至终微笑操作。经过大赛的历练，她不断地成长，成为更出色的自己！

四、袁俊俊——来自风筝之都潍坊，技能大赛放飞职业理想

1. 个人成长过程

我是 2014 年 9 月升入山东省潍坊商业学校高星级酒店运营与管理专业就读的，在学校系统学习了基础课程、专业理论知识和技能等，学有所获，在班级担任团支书，曾被评为"优秀三好学生"。2016 年加入技能大赛训练兴趣小组，认真参加每周的兴趣课程，后被选为备赛选手。在老师和学长们的帮助下，我的技能提升很快，上课、训练穿插，每天都过得很充实。参加行业国赛一等奖、省赛团队一等奖的经历，让我的综合素质得以提升。技能大赛让我体会到了前所未有的成就感，也让我的未来有了更广阔的发展空间。

2. 竞赛精彩片段

3. 指导教师点评

该选手自信、阳光，对自己要求很严格，平时训练自主意识强，让很多参与辅导的老师感到省心。

刚入训练兴趣小组时，乖巧伶俐是老师们对她的评价。她总是很认真地学习学长们的示范，学完又很主动地自己练习，一遍遍地尝试，一遍遍地询问，技能水平提升很快。在老师们推选下，她参加了行业国赛、省赛、省选拔赛三次比较大型的比赛，三次比赛均发挥出色，在2016年行业国赛及省赛均获得一等奖的好成绩。有了成绩，她依然很平静、很专心地练习、提升。2017年4月，在国赛的省选拔赛上她成绩优异，赢得了国赛资格。

训练是枯燥的，前期进展也是不稳定的，在瓶颈期她曾急得大哭，着急自己做不好，边哭边练，让老师们很是心疼，但每次挫折对她来说都是一次磨炼，之后她总会有较大的提升。备战国赛，要有一颗耐得住枯燥的心，以及强大的意志力。在训练过程中，每当她遇到问题和困难时，想的不是逃脱而是去克服。作为指导老师，祝愿她的人生之路有坚定的信念、阳光的心态、美好的前程。

五、刘家慧——来自六朝古都南京，微笑迎接挑战，乐观赢得人生

1. 个人成长过程

通过技能大赛，我的外表和内在都有了很大的变化。之前我走路没有精神、拖泥带水，可是现在我已经可以穿着高跟鞋健步如飞。之前我做事拖沓，现在处理事情麻利多了。之前我是一个很娇气的小女孩，现在我可以很好地照顾自己，甚至帮助别人。刚进训练队的时候，我是一个胖女孩，气质这一词怎么也和我挨不上边，老师便鼓励我：如果你在一年里能够减肥，明年我们就让你做正式选手。这对我激励很大，我在一年里减掉了25斤，就像变了一个人。

在漫长的训练时光里，我还学会了坚持和面对困难、不怕苦不怕累、勇往直前。刚开始背理论知识，我十分烦躁，背不进去。老师关心我、帮我梳理，慢慢地我学会了冷静对待、调节情绪、寻找关键点。临近国赛，我尾椎处患上皮下囊肿，严重到走路困难，医生建议立即手术切除。虽然很疼，但我不想放弃比赛，在和老师、医生商议之后选择保守治疗。每天我带病坚持一些力所能及的训练，任务完成后才让老师带我去医院输液、治疗，输液期间请老师帮我抽背理论和英语，力争不浪费时间。技能大赛是我成长路上最大的加速器，使我受益匪浅。

2. 竞赛精彩片段

3. 指导教师点评

初识刘家慧的时候,我几乎没有想过要让她参与技能训练。当时她还是一个胖丫头,刚进校便找到我们,表示了参加训练和比赛的强烈意愿。虽说有1米7的个头,可是接近140斤的体重着实吓到了我,但她扑闪着一双大眼睛看着我,眼里的真挚打动了我,我们告诉她:"如果减肥成功,便给你这个机会。"二年级的时候,刘家慧瘦了20多斤,俨然变成了一个苗条的姑娘。虽不是正式选手,可是这一年客房选手训练她一直跟着,理论和英语方面也以比赛的规格要求自己。一年的训练令她成长、成熟了很多,老师们看到她的表现,觉得很欣慰。

但是这一次赛项兼并了,面对毫无接触的餐饮操作技能、知识量翻倍的理论和英语,刘家慧选择直面挑战,全力配合指导老师的训练方案。白天进行技能训练、晚上强化理论和英语,没有休息日,没有寒暑假,训练内容很多、训练强度极大,她却没有任何怨言,每天都带着甜甜的笑容出现在训练场上。可训练总达不到预期效果,理论和英语总有记不住的地方,小姑娘也没能忍住,偷偷地哭过好几场,在她迷茫困惑的时候,老师及时给予了心理疏导和鼓励。她的竞技水平也不断精进,一路过关斩将,获得市赛、省赛金牌。国赛备战期间,刘家慧训练极为刻苦,身体、心理都经受了极大的考验。付出终有回报,最终她凭借精湛娴熟的个人技术和优雅得体的专业气质,在比赛中稳定发挥、脱颖而出,获得酒店服务项目金牌,创造了属于自己的辉煌。

六、黄钰鑫——来自帆船之都青岛,"志不强者智不达"的坚定信念成就自我,"宝剑锋从磨砺出,梅花香自苦寒来"

1. 个人成长过程

我来自青岛旅游学校。高一时，因为漂亮的一个甩单被选入技能集训队。课业和比赛同时兼顾，对我是一个不小的挑战，我努力平衡。参加省选拔赛因一步之遥错失了参加省赛的机会。我没有放弃，最终以第6名的成绩进入国赛集训队。国赛名额仅有两个，对我来说希望渺茫得让我想要就此作罢，但今年国赛双项合一对我是个机遇，在训练中我不断完善自我，弥补缺失问题，由于老师一直的鼓励，最终我抓住机会，走上了2017年国赛的舞台。在这舞台上，我将会把最好的自己展现出来，争取取得优异的成绩，成就自我。

2. 竞赛精彩片段

3. 指导教师点评

黄钰鑫同学是我校3+4班的学生，他们学习的是普高课程，课业繁重，同时要兼顾大赛训练，对她来说，要付出比他人更多的努力。因为她从小打羽毛球，练就了坚忍的意志，因此在训练中无论是遇到伤病还是挫折，她都能够坚持不懈，努力向前。在她通往国赛的道路上满是坎坷曲折。她舍弃了很多兴趣爱好，将自己所有的课余时间都用在训练上。由于运动员的习惯让她在形体方面有着一些缺陷，她每天比别人要多拿出半个小时的时间进行形体训练：镜前练习微笑，训练仪态，并且在一个月内减重十斤，提升自我。在经过一次次的选拔、比赛后，她从20多名选手中脱颖而出，最终成就了她的国赛梦。

希望她能够在国赛中充满自信，坚持到最后，笑到最后，看到最佳的风景。

七、杨杰——来自黄海之滨青岛，技能大赛梦想起航

1. 个人成长过程

我来自青岛旅游学校。沉稳的性格和对国赛舞台的向往，使我高一入学便加入技能队。经过刻苦训练，层层选拔，在2016年我获得国赛选拔赛资格。我以为梦想会在这里离实现更近一步，但是由于理论方面的失误，我与国赛失之交臂。但我并没有放弃，我调整心态，再次投入到训练当中，下决心一定要在国赛舞台绽放光彩。此后每天训练都像复制前一天，像是将同一天过了986遍。就这样，练习坚持了将近3年。我相信，逆袭从来都不是偶然，而是点滴积累的必然。

2. 竞赛精彩片段

3. 指导教师点评

杨杰经历了两年多的时间，终于站在了这个舞台上。作为他的指导教师，我感到十分欣慰。枯燥乏味的训练对于每位选手来说都是磨炼。在我眼里，他是一名比较自律、踏实的选手，虽然悟性不是很高，但他训练有一股狠劲，喜欢琢磨，懂得坚持。

2016 年国赛选拔赛只差一名,使他与国赛舞台擦肩而过,对他来说是一次挫折,也是一种激励。他秉持着不抛弃不放弃的精神,又开始长达一年的训练,重新调整方向。今年双项合一的更改也给了他不小的压力,为弥补中床方面的漏洞,他增加训练时长,并进入学校住宿。他终于在 2017 年取得了省赛一等奖并获得了国赛名额。在这机会得来不易的舞台上,愿他能够将最好的自己展现出来,绽放光彩。

八、褚潇璐——来自鲁南小城枣庄,每天的进步就是最好的成长

1. 个人成长过程

我叫褚潇璐,2015 年 11 月,我进入枣庄经济学校不久,就被老师挑选成为酒店服务技能训练队的一员。我当时练习的项目是中餐宴会摆台,从一无所知,经千锤百炼,到品酸甜苦辣。2016 年参加市赛,与第一名擦肩而过,获得第二名,但我并没有气馁,继续为实现目标不懈努力,我的付出得到了回报,在省赛获得了二等奖。2017 年得知一个人要比两项,但我并没有因此而感到害怕,反而更加努力,拼搏向上。我知道一个从没接触过的项目,要想从一无所知到精准正确很难,但我相信我一定可以的。经过了两个月的训练,我在省赛选拔赛中稳定发挥,终于有机会能够进入国赛,在接下来的国赛中,我会沉着面对,正常发挥,用实力证明我自己!

2. 竞赛精彩片段

3. 指导教师点评

褚潇璐是一位有目标、肯吃苦的女生。在刚刚加入训练队的时候，她明确果断地告诉我：老师，我想上大学，考本科。从她的语气里，我听到梦想的坚定、想要实现梦想的决心。日复一日刻苦的训练，同时经过市赛、省赛、选拔赛的层层考验，她终于拿到了国赛的入场券！

她很能拼。周六、周日、节假日都是在实训室度过的。特别是冲刺阶段，训练强度较大，她全身心投入，从不言苦累，回到宿舍还要背诵理论，几乎每天都是在背题中入睡。

她顶住了压力。第一次参加选拔赛时，她仅仅训练了一个月，在高手云集的比赛中，她顶住压力，发挥出自己的水平。在市赛，与第一名的失之交臂，给她带来不小的打击，她顶住压力，用省赛中餐摆台第二名的成绩证明了自己。比赛规程的变更，一位选手同时完成两项比赛，给她带来了新的困难，她顶住压力，在选拔赛中稳定发挥，拿到了国赛入场券。

真正的才智是刚毅的志向。她用行动诠释了这句话，她的努力成就了她，相信她一定会走得更高更远。

九、张彤——来自美丽的东方大港宁波，执着追求成就梦想

1. 个人成长过程

我叫张彤，来自宁波市北仑职业高级中学。生活中的我，是一个内向却不乏热情、外向又略显内敛的男孩。高一上学期，我顺利入选学校技能竞赛集训队，开始中式客房铺床项目训练，并于2016年代表学校参加宁波市技能大赛。初次征战，因自身发挥失常与国赛选拔失之交臂。高二，带着不服输的韧劲儿，我再次全身心投入紧张的技能训练，立志问鼎国赛。

面对2017年国赛项目的新变化，面对接踵而至的选拔赛、拉练赛、淘汰赛……一次次残酷的考验练就我坚强的个性，让我领悟"执着追求梦想，付出才有回报"的意义。奋战国赛，我唯铭记：勇往直前，为梦想而执着；无所畏惧，为最高领奖台不懈努力。

2. 竞赛精彩片段

3. 指导老师点评

张彤同学在两年的训练期中，经历了失败、挑战、成功、再战等一系列的过程。为了自己的梦想，他克服枯燥乏味、高强度的训练困难：从中式客房铺床项目不计其数的操作练习，到中餐宴会摆台项目的重新学习、训练、强化；从单一项目的巩固到两个项目、理论、英语的再学习。训练过程中，张彤同学任劳任怨、勤奋踏实，根据训练计划积极主动练习，勇于探索，不断改进自己的技术，提升自身的操作水平。

十、林锦广——来自有福之州的福州。君贵有恒，不忘初心，方得成功

1. 个人成长过程

我叫林锦广，是一个阳光、热情、爱思考的男生，来自福建的有福之州。在参赛的第一年我获得了市赛一等奖、省赛一等奖、国赛二等奖的成绩。因为心中还有梦，渴望站在全国大赛的最高领奖台上，因此，第二年我又再次投入到了竞赛当中。在总结经验后，我意识到充足的准备和平稳的心态的重要性，所以在日常训练中，我开始着重记录自己的心理状态和操作的不足，认真揣摩。谁知，今年的新规则合并了中餐和客房赛项，大大增加了竞赛难度。客房是自己的拿手项，但中餐摆台自己从未接触过，因此起初开始摆台训练的时候，操作很生硬，也一直因为不协调的仪态而苦恼，但在老师们的悉心指导下，我的操作逐渐趋于规范、从容。做好技能训练的同时还要兼顾新的理论知识，为了熟练地掌握理论知识，每天我花大量的时间去攻克、背诵，经常学习到凌晨两三点。终于，在这一次的国赛中我证明了自己！证明了这两年来的辛苦付出是有回报的！感谢老师们的悉心指导和陪伴，让我站在金奖的领奖台上体验成功的喜悦，圆了两年一直追逐的梦。同时，这个过程也会使我在今后的人生道路中更加坚毅和自信！

2. 竞赛精彩片段

3. 指导教师点评

在锦广身上,印证了那句老话:"世上无难事,只怕有心人。"他真的是一个勤奋到执着的人,也许是对全国金奖这个梦想有着很深的渴望,所以才能支撑他在两年的时光里,日日夜夜不眠不休地刻苦训练。在第一年的竞赛中,他的技能操作已经达到了很高的水平,但心态上还有所欠缺,因此成绩仅为二等奖。今年卷土重来,我们指导团队着重在他的心理素质上下功夫,得到了显著的效果,配合他更上一层楼的技能,最终实现了我们共同的梦想,他站上了全国技能大赛的最高领奖台!锦广的成功绝非偶然,是他坚忍不拔的毅力和执着专注的用心,堆积成了这条通往巅峰的梯塔。"宝剑锋从磨砺出,梅花香自苦寒来",两年磨一剑,一朝扑鼻香,苦心天不负,精诚石为开。祝愿他在今后的道路上,延续这锲而不舍的精神!

第二节 二等奖获奖选手

一、江浩辉——来自风景秀丽的杭城。天道酬勤,学道酬苦

1. 个人成长过程

刚进高中的我,对今后的职业成长茫然无措。直到成为竞赛训练中的一员,我才慢慢地看清了我要走的路。只要在全国技能大赛中取得奖项,就可以保送到高职院校,这个消息对于学习成绩并不理想的我而言,就像一盏明灯,指引我前进的方向。但是要在国赛中拿奖,道路何其艰险。第一年我参加了市赛,但无缘省赛。第二年,我重新出发,不断地突破,不断给自己施压,作为高三的选手,这是我最后的机会。人在充满追求的时候,特别能激发潜能。这一路,我披荆斩棘,从市赛到省赛再到国赛。我相信,我的负担会变成礼物,我受的苦会照亮我的道路,天道酬勤!

2. 竞赛精彩片段

3. 指导教师点评

两年的时间，江浩辉从平淡无奇的少年成长为有一技之长的技能选手，两年的时间，他从零基础到站在国赛的舞台上。白岩松说："回望的路总是惊心动魄。"既然已经选择了技能竞赛之路，那么就无所畏惧，走出一条康庄大道来。如果想要在技能大赛中脱颖而出，没有捷径，只有钻研与苦练，只有无惧寂寞地坚持才能看到希望。他不怕苦、肯吃苦。技能训练有众多的手法，其中的诀窍和精髓是要在每天的训练中悟出来的，只有量的堆积才有质的变化。苦练是体力上的，还有脑力上的，那就是最让他心虚的英语，由于英语基础差，在背诵英语题库时他特别费力，特别痛苦。

宝剑锋从磨砺出、梅花香自苦寒来。老师们也见证了他的成长和蜕变：从稚嫩羞涩的男生成长为气宇轩昂的翩翩青年，从市赛到省赛，再到现在的国赛，一路走来的酸甜苦辣已经成为一个个片段、一个个场景，共同铺就技能大赛之路。虽然在国赛中有遗憾，但是战胜自己就是最大的成功。希望他能不忘初心，道路越走越宽。

二、黄晓烨——来自有福之州，福州。更励孜孜图进益，青云万里有前期

1. 个人成长过程

榕荫满城，茉莉飘香，我来自拥有2200年历史的文化名城——福州。在第一年的全国技能大赛中，我因心态欠佳，最终只获得了三等奖的成绩。第二年，我继续朝着梦想进军，我想做得更好，我想再一次站在舞台上发挥出最好的自己。在今年的全国大赛上，虽只拿下了银牌，但我还是很开心，因为我收获了很多东西。通过竞赛，我变得更加成熟稳重，这日日夜夜枯燥乏味的训练，让我懂得了坚持，懂得了感恩，谢谢老师们给予了我如此广阔的平台，谢谢技能大赛令我脱胎换骨，我会永远记住这一次珍贵的人生经历。

2. 竞赛精彩片段

3. 指导教师点评

都说竞赛枯燥无味,但它却能让人真正沉下心来,看似是训练技能,实则是在审视自己。晓烨第一年的失利,让她飞速成长,2017年的市赛、省赛,她都毫无悬念地一路高歌猛进,摘下桂冠。即使到了今年国赛,她也呈现出了无限接近金奖的状态,这是我乐于看到的。我坚信,塞翁失马,焉知非福,技能大赛这个平台给予了她太多的蜕变,丰富了她整个高中生涯,也历练出她坚韧从容的强大心态。我相信,成功只是一段路程,而非终点。有此经历,她一定能在人生道路上更加勇敢,终能赢得黄金之果!

三、王欣——来自人杰地灵的齐鲁大地,技能大赛成就人生梦想

1. 个人成长过程

我是山东省潍坊商业学校旅游系2015级酒店管理一班的学生,刚刚进校时,每天过着同样的日子,既憧憬未来又对未来充满迷茫。后来,在了解了技能大赛后,我对中餐和客房的训练项目格外感兴趣。经过层层选拔,在入校的第二个学期,我凭借自己的努力进入了酒店服务大赛集训队,立志要在这个项目上学出个名堂。为了参加国赛,从早上七点到晚上九点,除了休息时间,其他时间我都是在实训室度过。在2017年3月的山东省选拔赛上,我顺

利通过，成为一名全国酒店服务大赛的选手，希望在本次的国赛中我能代表学校获得好的成绩！

2. 竞赛精彩片段

3. 指导教师点评

王欣 2015 年入校后，中考失利对她的打击并未消散，她也曾因此一度消沉过。在 2016 年，她决定要转变自己的心态，积极面对未来的职业挑战。抱着这种心态，她加入了我校酒店大赛集训队。在经过一段时间的训练后，老师们发现这个没有特别出众外表的小姑娘有着一颗积极向上、永不服输的心。在训练过程中，她发挥出了不怕吃苦的精神，餐具间距不行，她就一遍遍不停观察距离重复摆；被子不行，她就让老师帮她一起分析问题找方法，一次次不停铺，她的刻苦训练得到了老师们的一致认可。2017 年国赛选拔赛，第一次参赛的她发挥出色，在赛场上表现出难得的沉着，最终以中餐摆台和客房铺床总分第一名的成绩取得了进入国赛的资格。经过这次比赛，她更加刻苦努力地训练，终于在国赛中发挥出色，展现了自己的职业风采。

"努力付出，别让梦想只是梦想"是王欣的人生格言。相信她通过努力一定能实现自己的目标和梦想。

四、钟俊——来自碧罗缠绕的邕城，阳光帅气的邕城小伙

1. 个人成长过程

我是一个阳光开朗的男生，作为一名骄傲的校园国旗手，我得到更多的机会锻炼自己。我热爱篮球，享受在球场上挥汗如雨、奋力拼搏、永不言弃的感觉。加入学校集训队后，我发现了另一件令我痴迷并愿意为之奋斗的"事业"。带着打篮球时那股不服输的劲儿，我刻苦训练，在学校集训队的层层选拔中脱颖而出。长时间枯燥单一的备战训练，使我的情绪出现了起伏，但在指导老师们耐心的帮助下，我突破了瓶颈，走出了困境。这段备赛经历让我日趋成熟、稳重。在老师的悉心教导下，我终于打开了国赛的大门，代表广西壮族自治区参加2017年全国职业院校技能大赛。

2. 竞赛精彩片段

3. 指导教师点评

钟俊同学来自广西代表队，现就读于南宁市第一职业技术学校二年级。他因阳光

帅气的形象被指导老师一眼相中,他较为扎实的英语、理论功底以及较强的学习能力也让他在众多同学之中脱颖而出。在技能训练中,他每天自觉地根据训练计划保质保量完成任务,同时,他勤于思考技能操作过程当中的细节问题,潜心钻研,刻苦练习,技能得到了较大提升。通过坚持不懈的训练,他的笑容阳光灿烂,他的礼仪展示优雅得体,他的技能操作娴熟利落。再加上多次的竞赛模拟和各大酒店的拉练,钟俊的心理素质有了进一步的提升。千锤百炼铸雏鹰,坚韧不拔展威风。为了心中的梦想,钟俊始终坚持,相信美好的未来已在前方等待。

五、周玉华——来自"半城绿树半城楼"的绿城南宁,热情外表下蕴含着纤细之美

1. 个人成长过程

我是来自广西代表队的周玉华,现就读于南宁市第一职业技术学校二年级。从一年级起,我就对进军国赛赛场心驰神往。带着一肚子的好奇和骨子里透出的不服输的劲儿,我毫不犹豫地投身到训练当中,曾经参加礼仪队的经历让我对自己信心倍增。老师们为我量身打造的训练计划让我在市赛、区赛中拔得头筹,从市赛、区赛再到国赛,一次比一次困难的挑战不断刷新着我的极限。胆怯曾一次次敲打着退堂鼓,但这些念头最终都被按下,我咬紧牙坚持了下来。在集训队里老师教会了我持之以恒,教会了我精益求精,而我浮躁的心也在训练中渐渐沉静下来。技能大赛的训练里有泪水,更有数不尽的汗水,但这些都是我成长中的印记。感谢技能赛给了我前所未有的磨炼,是技能赛让我蜕变成为更好的自己。

2. 竞赛精彩片段

3. 指导教师点评

周玉华是一个秀外慧中的女生，热情的外表之下蕴含着纤细之美。作为二年级的选手，周玉华已有了较好的技能和理论基础，但在训练时，她依然严格按照老师制订的计划训练，从基本功抓起，托盘、折花、斟酒、铺台、摆放餐具一项一项踏实训练。每天的站姿走姿训练、茶艺熏陶训练也在周玉华的身上日见成效。对于本是一窍不通的英语，周玉华勤学苦背，将单词逐一拿下，背了忘，忘了再背，在这样的强化训练下周玉华已能流利回答评委提问，与之前判若两人。怯场是周玉华一直攻克不下的难关，训练后期大量的竞赛模拟以及在各大酒店的拉练终于让她渐入佳境。经过训练，周玉华用进步给自己交上了一份满意的答卷。

六、刘曾——来自历史文化名城湖南长沙，自信、帅气、阳光、多才多艺

1. 个人成长过程

我是长沙财经学校二年级学生，在班上担任班长一职，是老师的得力助手，在同学们眼中我是一个真诚善良、乐于助人的大男孩。我兴趣广泛，两次获得了"校园歌手"称号；进入客房技能训练队后，我刻苦训练，严格要求自己，一年时间，我从青涩少年成长为自信成熟的选手，相

信我会拥有辉煌灿烂的明天!

2. 竞赛精彩片段

3. 指导教师点评

刘曾同学担任班长、声乐社社长、宿管部部长、学校大型活动的主持人,他喜欢唱歌、喜欢运动,吃苦耐劳、多才多艺。太多的课余活动占据了他的技能训练时间,面对取舍,刘曾甚至产生过退出比赛的念头,经过老师的几番开导,他做出了自己的抉择。沉下心来的刘曾成绩突飞猛进,枯燥的训练之余他用歌声为训练队增加了快乐!希望在他的人生中永远充满欢愉的歌声!

七、邓聪——来自山水之都重庆,梦想要靠努力来实现

1. 个人成长过程

我是一名来自重庆市旅游学校2015级旅游服务与管理专业的学生。曾经默默无闻、一无所长的我,通过在校两年的学习,以及老师悉心的训练,从部门比赛到学校选拔,再到重庆市的赛场,通过重重难关,最终在重庆市酒店专业客房技能大赛中获得了一等奖。比赛中的崭露头角,让我看到了一个全新的自己,也让我终于有机会站在全国大赛的赛场上。训练中挥洒的汗水,让我明白,要让梦想变为现实,只有不断努力,努力为我的人生打开新的篇章,让我走向更大的辉煌。

2. 竞赛精彩片段

3. 指导教师点评

邓聪同学是来自重庆市旅游学校2015级旅游服务与管理专业的学生，他以重庆市中职技能大赛酒店类"客房中式铺床"第一名的成绩获得全国比赛的参赛资格。荣耀也意味着更多的责任，在日常的训练中，他认真刻苦、积极主动，仔细揣摩每个动作，以高效率、高标准为训练目标，从实操的训练、英语、普通话的发音练习，到仪容仪表的一颦一笑，面面俱到、从不懈怠。集训的过程中有欢笑有眼泪，邓聪同学也从最初内向、害羞的小男生成长为如今热情、开朗、懂礼貌的大男孩，这何尝不是一种成功呢！在挫败中总结，在困难中奋发，"一分耕耘一分收获"，期待他在国赛的大舞台上取得优异的成绩！

八、金玉笛——来自九朝古都洛阳，技能大赛成就人生梦想；冰霜洗出春风面，翡翠轻棱叠雪裳

1. 个人成长过程

我是洛阳旅游学校的一名高三学生，主修旅游专业，正在为了实现自己的梦想而努力奋斗。我很热爱所学专业，力争做到一专多能、精益求精。在老师们长期以来的关心和悉心指导下，在日常的专业学习和技能训练中我不断进步，取得了一个又一个可喜的成绩。老师和同学们对我的印象是：外表甜美，坚韧而优雅，在逆境中厚积薄发，与经历严寒而怒放的绿牡丹有着相似的品格。

今年我经历校赛、市赛、省赛、省选拔赛，一路过五关、斩六将，最终脱颖而出，再次有幸代表河南省参加国赛。2017年国赛充满了机遇与挑战，我非常期待，也有信心再创佳绩！衷心感谢母校和老师的培养，我深知天道酬勤、学无止境。今后，我将会不断鞭策自己，积极进取，努力实现自己的职业梦想。

2. 竞赛精彩片段

3. 指导教师点评

金玉笛是一个懂事、乖巧的女孩，善于学习，勤于实践，力争上游。

英语基础薄弱，她就虚心求教，充分利用业余时间，戴着耳机跟着广播、APP学英语、练口语。专业知识在熟练的基础上，她从语速、语音、语调等方面精雕细琢，力求零瑕疵。

在技能训练中，她认真、高效地执行国赛标准和老师制订的训练计划。从单项到全套技能训练，她总是能克服困难，主动配合，做到各环节丝丝入扣。摆台项目中200多个测量点、5条中线、10个杯花、10杯酒，铺床项目中速度与精准度、平整度的高度统一、三线对齐，她通过自己上千次的练习、比对、修正、改进，以辛勤的汗水力求做到平稳而精准、轻快而优美。

她勤于思考，刻苦钻研。正是这样百折不挠、精益求精的精神，支持着她不断突破、超越自我。

功夫不负有心人，她成了国赛大舞台上的一颗熠熠生辉的新星。祝福金玉笛同学能早日成才、美梦成真、为家乡的旅游业发展和经济建设多做贡献！

九、赵雅娟——来自"太极故里",技能装点人生

1. 个人成长过程

我叫赵雅娟,来自"太极故里"——河南焦作市,就读于焦作市职业技术学校。我是一名旅游专业的学生,我的目标是通过三年的刻苦学习,掌握专业技能,考上理想的大学,成为对社会有用的技能型人才。"一分耕耘,一分收获",经过教师的悉心指导和我的不懈努力,我由入校时的懵懂少女,渐渐成长为市赛一等奖、省赛一等奖的技能型人才。这些成绩得益于各级主管部门搭建的技能大赛平台。多次的参赛机会让我提升了自己的综合素质能力,也体验到了成功的喜悦。今年3月,经过层层选拔,我又取得了国赛参赛资格。我相信,通过自己的刻苦训练,赛场上出色的发挥,我一定能够取得更加优异的成绩,为学校争光,为职业教育争光。

2. 竞赛精彩片段

3. 指导教师点评

刚入校没多久,我就发现赵雅娟这个小姑娘与众不同,每次交代的训练任务她都能很出色地完成。不管是严寒还是酷暑,她都能用心刻苦地坚持训练。最难忘记的是去年冬天,下着雪,她的双手已经冻得通红,可她只是用嘴巴哈几下就继续练习斟酒;

每次吃饭时她都听着英语题……努力付出就有回报！通过两年的努力，经过层层选拔，她终于取得了国赛的入场券。同时，压力也随之而来，但是她没有打退堂鼓，反而主动要求加班训练，周末也不休息。她对我说："老师，我觉得参加国赛是个好机会，我要努力学习、刻苦训练，全力以赴赛出优异成绩，为学校争光。"这样的选手让作为指导教师的我倍感欣慰，倍感骄傲！

十、朱嘉敏——来自广东茂名，努力可以超越一座又一座高峰

1. 个人成长过程

本人朱嘉敏，来自广东茂名。没有参加比赛之前的我是一个没有明确目标的人，只是想跟着别人走。但参加了这个比赛后，我明白了，人不能没有明确目标。而你一旦确定了目标，那就要奔着这个明确的方向去努力，只有目标明确了，才有前进的方向和动力。备赛的过程虽然有苦有泪，但我相信总会有一个甜的东西在前方不远处等着我。这是一个考验选手综合素质的比赛，无论是在技能上还是做人处世的方面都让我有很大的提升，特别是理论和英语学习方面。虽然开始很辛苦，但我一直都相信，我是可以做到的。正是因为抱着这种信心，我的英语才有所提升，我的专业知识也更为丰富。

2. 竞赛精彩片段

3. 指导教师点评

朱嘉敏同学在长时间的备赛过程中，经历了省属赛、省赛、国赛PK赛、国赛，对她而言，这一路上有鲜花也有荆棘，但一次次的超越，证明了她是一个"死磕到底"的孩子。为了心中的目标，她不仅仅是苦练技能，更是在各方面一次次地超越自己，比如英语，比如体能，比如心态。在她的身上体现了一句话："我思故我在。"我理解为："因为她不断地学习，不断地丰富自己的知识系统，不断地提高自身素质和修养，才不断地发现自身的价值。"行走在比赛的过程中，她一边试着总结已经走过的路，一边成长。嘉敏同学一路以来的备赛，彰显出了省旅人的登山精神，也再一次证明，只要肯努力，一定可以超越一座又一座的高峰，完成一次又一次的蜕变！

十一、徐永洁——来自"魅力之都"上海，海纳百川，有容乃大

1. 个人成长过程

客房和中餐两个项目的现场操作要求都非常高，在老师的悉心指导下，我认真地学习、细致地研究动作要领，不断改良操作手法；对于理论知识和英语表达，我也常抓不懈，以期达到最佳的竞赛状态。在训练的过程中我也曾遇到过瓶颈，想过放弃，但是在老师、同学的鼓励下重拾信心。接受挑战，勇于拼搏，我一直坚信："努力，肯定会有回报！"

2.竞赛精彩片段

3.指导教师点评

徐永洁，一个阳光可爱、热爱生活的女孩，总是以积极的心态应对生活中的每项挑战。她认真好学，对待学习一丝不苟；她好胜要强，对待训练精益求精。一路走来，她在训练中感悟，在比赛中成长。

作为一名国赛选手，徐永洁同学始终对自己高标准严要求。主动、自觉是她留给老师们最大的印象。为了尽快掌握专业英语的内容，她自行合理安排时间，做到技能训练和理论学习两不误。在技能训练中，她会仔细研究每个手势、每个步伐，分析、总结要领，不断改进方法，以求达到最佳的操作效果。为了心中的梦想，她执着追求，期待在一次次的挑战中，拥抱更加光辉灿烂的明天！

十二、易长城——来自"山水洲城"湖南长沙，用热爱点燃梦想

1. 个人成长过程

我叫易长城，于2015年进入长沙市财经学校，因机缘巧合我选择了高星级饭店运营与管理专业就读。从高一开始我就对专业产生了浓厚的兴趣，利用业余时间参与酒店服务训练队的活动，揣摩操作要领，坚持与努力使我收获很大。参加长沙市中职学生技能竞赛后，我感觉找到了发挥自己能力的平台，我会沿着技能提升的通道坚定地走下去。

2. 竞赛精彩片段

3. 指导教师点评

易长城同学心地善良、忠实厚道、积极上进。因为喜欢所以热爱，对于专业他发自内心地热爱，在训练中不畏辛苦、不惧烦琐，遇到棘手的问题及时与老师沟通，同时善于琢磨技能技术。他严格自律、刻苦认真，先后获得长沙市中式客房铺床比赛一等奖、湖南省中职酒店服务技能竞赛一等奖。成为优秀的酒店职业人是长城的梦想，相信他会在职业发展的道路上越飞越高！

十三、赵兴蓉——来自开放的城市深圳，刻苦努力，超越自我

1. 个人成长过程

我叫赵兴蓉，是深圳市龙岗区第二职业技术学校2015级高星级饭店运营与管理专业的学生。一开始参与集训，是因为拿到好的奖项就可以就读自己想上的大专，后来却因为这个比赛，让我期待集训的日子，也更喜欢训练的时光。这两年参加比赛的过程中，也想过放弃，也想过不再努力，但是经过老师们的劝导和鼓励，也因为对于上大专的执着，我选择了继续努力的参加我一直以来热爱的比赛。

2. 竞赛精彩片段

3. 指导教师点评

赵兴蓉同学是我校（深圳市龙岗区第二职业技术学校）酒店集训队的学生，今年

是兴蓉参加集训的第二年。这一年,兴蓉同学经历了很多,包括想要放弃、校级对赛、心理压力大、遇到瓶颈期等问题,经过各个方面的努力,兴蓉同学都挺过来了。也正由于这些经历,才练就了她强大的内心,兴蓉同学在这一年的集训中成长了。

十四、娄旬蓓——风风火火湘妹子,心细如尘技能控

1. 个人成长过程

我叫娄旬蓓,是一个来自"柳城"常德的湘妹子,外表恬静,内心却火辣无比,做事风风火火。初入职业学校时,我曾经很迷茫,不知道自己该往哪个方向发展。指导老师将我选入餐饮技能队之后,我开始找到自己努力的方向,不论是技能操作还是综合素质方面,在训练的过程中都得到了巨大的提升。曾经的我咋咋呼呼做事很毛躁,如今的我不仅深知准备工作的重要性,也更能够沉下心来做事情;曾经的我懵懵懂懂学习很被动,如今我能更加主动地去学习和探索,懂得努力方能成就自我。中餐摆台技能的每一个细节我都一次次地反复练习,力求做到极致。枯燥的训练磨砺出我更大的韧性,更多的耐心,使我不仅能够微笑对待任何事情,也能够不断督促自我提升。相信通过技能大赛的锻炼后,不论今后从事什么工作我都能轻松胜任,因为这一次的经历将是我人生最大的财富之一。

2. 竞赛精彩片段

3. 指导教师点评

初识娄旬蓓，她是一个走路会蹦起来的活跃的小姑娘，感觉非常自我，经常处在状况外。在进入技能队之后，虽然她能每天重复枯燥的练习，但尚不理解技能比赛的意义，也并不明确技能大赛将会对自己的人生产生怎样的影响，甚至想过要放弃。不过幸好，在老师耐心的疏导和劝解下，她不仅没有放弃，而且更加坚定了自己的目标和理想。从那时起，她更加认真地投入每一次训练，脸上时常挂着甜美的微笑，训练中目标明确，态度坚定。古今之成大事业者，非唯有超世之才，亦必有坚韧不拔之志。娄旬蓓从市赛到省赛，直到闯入国赛，正是因为有了坚韧不拔的意志。进入国赛后，她在训练中更加精益求精，不论是精致的餐巾折花还是无滴洒的斟酒，都是她努力练习的成果。我相信，技能训练和比赛的经验感悟将会成为她一生的财富。

十五、林冰冰——来自改革开放前沿城市深圳，勇往直前、不惧苦难

1. 个人成长过程

我叫林冰冰，我在2015年来到深圳市龙岗区第二职业技术学校就读高星级饭店运营与管理专业。刚开始接触到这个比赛，觉得自己好像很难胜任比赛。可是没想到就是因为这个比赛，我这两年的学习时光就在实训室度过了。刚开始练习时感觉非常兴奋，因为这些新的内容给人特别的刺激——居然会有这样的比赛！虽然一开始觉得困难，但我也懵懵懂懂地走过了两年，或许是因为指导老师跟我说：通过这个比赛可以去我想去的理想大专。所以即使过程再苦，我也会勇往直前、不惧苦难，朝着目标前进。

2. 竞赛精彩片段

3. 指导教师点评

林冰冰同学是我校（深圳市龙岗区第二职业技术学校）2015级酒店2班的学生，从第一年进入这个学校开始，她就参加了本专业的酒店服务赛项比赛。中途她也因为比赛的艰辛和巨大的心理压力想过退出，在鼓励下她坚持了下去。经过两年的训练和心理磨炼，经过大大小小的比赛，林冰冰同学的心态有了很大的提升，也为她这次的比赛起到了更多的帮助作用。

十六、曲书琳——来自广阔的内蒙古大草原，青春激扬，梦想生花

1. 个人成长过程

我是一个热情率真、开朗豁达的女孩儿，就读于长春市公共关系学校高星级饭店运营与管理专业。经过层层选拔，我入选了学校的"餐饮技能大赛精英班"，在训练中，我从不说苦，从不喊累，遇到问题，反复斟酌。经过一年多的艰苦训练，我终于不负众望，先后取得了市赛一等奖和省赛一等奖的好成绩。

无论在学习上还是生活中，我都积极乐观、自信勇敢地迎接挑战，并能微笑面对，从不退缩、从不放弃。我坚信：积极进取、乐观向上，能够赢得成功的喜悦与幸福。

2. 竞赛精彩片段

3. 指导教师点评

曲书琳是一位品学兼优、阳光自信的女孩。在训练过程中勤奋刻苦、勇于挑战自己是她成功的关键。在此次备赛训练中，她坚定必胜的信念，同老师一起分析总结以往比赛的问题和不足，虚心求教，积极思考，制订出科学的训练方案，提高训练效率。她通过努力从市赛到省赛再到国赛，一步一个脚印前进，这其中有高潮也有低谷，有成功也有失败，有欢笑也有泪水，但她最终完成了个人完美的蜕变。在本次大赛中，曲书琳发挥了自己的水平，取得了今天的好成绩。希望她能继续努力，继续打磨自己，完成自己成为优秀酒店人的梦想。

十七、杨紫薇——来自"运河故里、能源之都、中国酒乡"淮北，自信成就未来

1. 个人成长过程

两年的技能竞赛，我从最初的零基础，到两次进军国赛。都说，师傅领进门，修行靠个人，这句话说得一点也没错。在比赛训练中更是如此，如果没有深入地学习过这两项技能，顶多学会它的形，而其中的诀窍和精髓是要在每天的训练中才能悟出来的。越深入学习，就越喜欢现在所主修的专业，力求做到精益求精。懵懂的我最初并不明白摆台是怎么回事，经过老师的指导，我熟悉了摆台的要求和全过程，并且大大提高了摆台的技能，自己也变得更加大方、自信。

在日常的专业学习和技能中，由于老师的关心和悉心的指导，我不断取得进步。

比赛时我将技能展示得非常平稳，餐巾折花也非常漂亮，整个摆台的程序非常流畅地做下来。回顾客房和餐饮部的综合比赛，虽然有些遗憾，但也让自己收获很大，收获了师生的友情，收获了坚持的毅力，收获了付出的甜蜜，更是收获了在成长中得到的信心。

2. 竞赛精彩片段

3. 指导教师点评

2016年，杨紫薇同学参加了国赛酒店服务赛项客房中式铺床分赛项比赛，获得了银奖的好成绩。2017年，国赛规程有了大的变动，客房中式铺床与中餐宴会摆台赛项合二为一，由于时间紧、任务重，参赛选手均面临着巨大的挑战。之前作为客房赛项的选手，杨紫薇有力道、有自信，但是面对中餐宴会摆台，她缺少的是动作的优雅及对诸多细节的把握。可是杨紫薇凭着一股子不服输的韧劲，在已经被本科院校免试录取的情况下，仍能坚定目标，每一次训练均要求自己做到精益求精。天道酬勤，她终于在今年的国赛中，再次获得银奖。"台上一分钟，台下十年功"，赛场上的杨紫薇，自信、从容、优雅、职业，折射出了实训室里无数的汗水、辛劳。这不正是国赛弘扬的"工匠精神"的体现吗？两年的国赛，从市赛、省赛、国赛选拔赛、国赛一路走来，杨紫薇收获的不仅仅是奖项，更多的是这段参赛的人生经历，这必将是她宝贵的人生财富！

十八、冯腾——来自山城重庆，成绩是在付出的汗水和泪水中取得的

1. 个人成长过程

"阳光总在风雨后，一分耕耘一分收获。"我是来自重庆市女子职业高级中学的冯腾，很荣幸能够参加2017年的全国职业院校酒店服务赛项的比赛且取得二等奖的优异成绩。我很开心也很感谢这次比赛，参加比赛后，我发生了翻天覆地的变化，通过备战这次比赛，我在专业技能、英语口语、理解记忆能力、服务意识、心理素质等方面都得到大幅提升，也克服了以前在学习中的懒散，学会了坚持和克服困难，在备战中付出的汗水和泪水都是值得的。感谢这次比赛让我有了如此大的进步和成长；感谢学校搭建的平台，感谢指导老师们几个月的辛勤付出与帮助，谢谢你们！

2. 竞赛精彩片段

3. 指导教师点评

冯腾同学是个性格开朗、乐观、充满正能量的女孩，她学习目标明确，勤奋踏实，在老师的指导和自身的努力下，在区赛、市赛及国赛选拔赛中脱颖而出，代表重庆市参加全国比赛。酒店服务两个项目的合并，对师生来说无疑都是巨大的考验，但她没有放弃，正确对待训练中遇到的问题，与老师一起探讨并想办法解决。这过程，她付出了无数的汗水与泪水，她的坚持不懈、勇往直前、拼搏奋斗精神一直感动着我。在

国赛前夕，她患了感冒加上疱疹，但她凭着骨子里的韧劲坚持下来了，并在国赛赛场上展现了自己的风采，实现了她的理想。

十九、黎新宇——来自天府蓉城，锦江河畔。做一个踏实、肯动脑子的人

1. 个人成长过程

我生于斯长于斯，地灵人杰的成都赋予了我聪明机灵的头脑，天府之国的富庶养成了我乐观积极的性格，而礼仪职中的培养塑造了我专业高效的职业素养。

在成都市市赛、四川省赛中，我以完美的操作、标准的普通话、地道的英语口语征服了评委，最后以压倒性的优势拿到了参加国赛的入场券。今年国赛赛制颠覆性的变化，对参赛选手提出了更高的要求，而我一直在客房专业队担任队长，对中餐操作完全陌生。这种情况下，我能够虚心向中餐专业队老师、同学请教，从铺台布开始，一杯一碗、一筷一碟、一勺一椅，每一样都尽求完美；从最开始的台布都甩不出去，到最后能娴熟地按照赛程要求完成高质量的摆台……这每一步都是我努力的结果。

平常生活中，我喜欢追美剧英剧、唱英文歌、制作咖啡等，也经常参加咖啡接待活动，用自己灵巧的双手制作出一杯杯漂亮的咖啡作品，这些活动和爱好不光丰富了我的内涵，还提升了我的气质，更令我在国赛赛场上自如应对。

2. 竞赛精彩片段

3. 指导老师点评

黎新宇是一个踏实、肯动脑筋的孩子。在初次接到国赛任务时，中餐是他的短板，他完全摸不着门道，但是他肯花时间去钻研、去琢磨，一遍遍地尝试练习。白天技能训练，晚上学习中文理论和英文理论，训练强度很大，但他服从意识很强，没有任何怨言，总是能虚心听取老师的每一次建议，再结合自身情况进行纠正，他能在短时间内飞速进步和他的勤奋是分不开的。

二十、钱梦婕——来自"包公故里、大湖名城"合肥，技能点亮人生

1. 个人成长过程

技能大赛已经降下了帷幕，训练中的点点滴滴、苦与乐却萦绕在眼前，久久不能散去。回想训练过程中的种种经历，心里五味杂陈。由于今年比赛规则有很大改动，将两个赛项合二为一，并且训练时间比去年也短，对我们选手和指导老师都是很大的挑战。我们一起查找各项竞赛相关资料，对每个比赛项目的细则进行仔细研读，对每个比赛的技术动作不厌其烦地训练，力求做到最好。指导老师还请来有经验的专家来指导我们。他们不但传授了很多他们以往带赛的经验，还指出了我们整体动作、表情或是训练方法上的一些不足，大大提高了

我们对规则及操作方法的更高层次的认识，也打破了我们原有的一些思想上的束缚。

比赛也有很多值得总结的不足之处：比如我的临战心理调节能力不是很强，托盘、骨碟定位、斟酒基本功还不是很扎实，虽然有遗憾，但做到尽全力并取得这样的成绩我就很满足了。每一分努力都会有相应的收获。向不可能挑战，只要我们具有明确的目标与超强的行动力，就没有达不成的目标。

2. 竞赛精彩片段

3. 指导教师点评

作为两度参加国赛的选手，在这一次酒店服务赛项大的变动下，钱梦婕依然表现得成熟、稳重。自从进入集训队后，她本着目标明确、科学训练、注重细节、严格标准的基本思路进行有效的训练。训练的过程是艰辛而漫长的，近八个月的时间里她一直坚守在实训室，反复地练习着每一个操作步骤，研究每一个动作的细节，放弃了所有的节假日，在比赛中感悟、成长。从市赛、省赛到国赛，这样艰辛的路，她走了两遍，这需要极大的勇气和坚定的目标。相信如此坚毅的她，未来会更精彩！

二十一、李宇——来自辽宁沈阳，面对未来要有一份坚定和执着

1. 个人成长过程

我只是一名普通的中职生，但我一直在用执着和汗水实现着自己的梦想。一双大眼睛，脸上总是挂着笑容，在老师眼里我是一个懂事、有礼，并且爱笑的女孩子。从市赛到全国职业院校技能大赛，我凭借着对梦想的执着和过硬的专业技能，一路过关斩将，不断进步。"吃得苦中苦，方为人上人"，我一直这样鞭策着自己。在集训队中，我并不算出众，但我有毅力，能吃苦。由于训练的辛苦，一些队员退出了集训队，可我从不喊苦喊累，每天早来晚走，从未放弃。2017年全国职业院校技能大赛赛

制的改变，较往年更增加了训练难度，可我凭着一股韧劲儿坚持了下来。在实训中，我认真琢磨老师所教的每一个细节，自己动脑筋思考问题，时常在实训室里跟自己"较劲"！成功源自拼搏和坚持，我执着地追求着梦想，两年如一日，我希望这样的拼搏能让我离成功更近一些。面对未来，我会用这种执着与坚持，继续描绘美丽丰富的人生画卷！

2. 竞赛精彩片段

3. 指导教师点评

十七岁是花一样的年龄，青春而美好。然而两年的实训时间，这个青春少女埋头在实训室，用汗水与坚持描绘着自己的蓝图。训练过程是枯燥而乏味的，但李宇凭借着一股子韧劲儿，一步一步踏实地走了过来，这让许多同学对她佩服不已，老师也对她赞不绝口。生活中的她开朗、有朝气、爱说爱笑；训练中的她一丝不苟，不放过任何细节。中式铺床训练，她一次又一次地抖单、包角、套被……时常累得胳膊酸疼，手磨掉了皮，贴上创可贴继续坚持；中餐宴会摆台训练，她穿着高跟鞋一遍遍地操作、纠正，脚磨出了水泡，仍不放弃。为了能有更多的实训时间，她熬夜背题，早起再复习。"宝剑锋从磨砺出，梅花香自苦寒来"，怀揣着这种信念，李宇信心满满地备战，定会换来芬芳满园！

第三节 三等奖获奖选手

一、凌志钢——来自天下佳山水的杭州富阳，技能大赛成就美好人生梦想

1. 个人成长过程

我，凌志钢，来自"天下佳山水，古今推富春"的杭州富阳。1998年6月，我出生在美丽的富春江畔；2014年9月，我就读于杭州市富阳区职教中心（酒店管理）3+2班。我是一个积极阳光的酒窝大男孩，喜欢运动和旅游，在校与同学关系融洽，尊敬师长。高一时我被指导老师金玲玲选进客房中式铺床竞赛小组，日常训练我认真、刻苦、踏实，培养了良好的心理素质，通过不懈的努力，我取得了不错的成绩：2015年11月取得杭州市中职旅游专业（酒店服务）学生职业能力大赛客房中式铺床三等奖；2016年11月取得该项目杭州比赛的一等奖；2017年4月取得省赛一等奖。国赛在即，希望自己可以更加努力，取得更加优异的成绩。

2. 竞赛精彩片段

3. 指导教师点评

凌志钢同学，是一位阳光、帅气、爽朗、能吃苦耐劳、具有亲和力的学生。自高一选进客房中式铺床竞赛小组，他日常训练十分努力、刻苦，他很富有灵气，很多技

术难点，能一点就通。日常的刻苦训练培养了凌志钢同学良好的职业素养，使他在各个方面得到全面发展。正是通过其自身的刻苦训练和指导团队的不懈努力，他循序渐进地取得了不错的成绩：2015年11月取得杭州赛区中式铺床项目的三等奖；2016年11月取得该项目杭州赛区的一等奖；2017年4月取得省赛一等奖。希望在接下去的国赛中，他能取得更加优异的成绩，真正让技能大赛成就他美好的人生梦想。

二、何翔辰——来自浪漫之都大连，放飞梦想成就自我

1. 个人成长过程

我叫何翔辰，今年17岁，就读于大连市经济贸易学校，是一个性格沉稳内敛、聪明自信的大男孩。从被选入国赛训练开始，对专业技能孜孜不倦的追求使我懵懂到成熟，经历了质的蜕变。

磨炼是人生中必不可少的东西，只有经受磨炼，才会成长。在国赛训练中，我在指导老师的带领下仔细研究国赛评分标准，在操作手法、服务意识、身体动作等方面都有了很大提升，每天都有进步。

青涩的少年通过全国大赛的平台，已经成长为自信成熟的选手。我坚信，自己会拥有更辉煌灿烂的明天！

2. 竞赛精彩片段

3. 指导教师点评

何翔辰是一名执着、聪明、敢于追求梦想的男孩。他在专业英语、专业理论方面的学习能力很强。在操作技能训练过程中，他积极主动，勇于探索，不断改进自己的技术动作，认真完成训练任务，操作水平迅速提高。另外，何翔辰的心理调节能力较好，即使在长时间、枯燥的训练过程中他也能够克服不良情绪，较好地投入到备赛的状态之中。不断地训练、不断地努力、不断地提高，我们的选手克服了很多心理和身体的不适，以积极心态去面对一次次的挑战，最终获得了较好的成绩，收获了梦想。

三、李加乐——来自东北吉林，努力一定能实现自己的目标和梦想

1. 个人成长过程

我是吉林女子学校2015级旅游与空乘班的学生，在班级里我积极上进、热爱学习、团结同学，得到了老师与同学的认可。入学的第二个学期我有幸进入了酒店服务集训队，成为一名集训队员。每天的训练是枯燥的，但是怀抱着对比赛的憧憬和对获奖的渴望，我一遍一遍重复着那些分解动作，训练中遇到棘手的问题主动向老师请教，深入探究遇到的问题。在2016年的吉林省酒店服务大赛中我如愿以偿地顺利通过了选拔赛，成为一名全国酒店服务大赛的选手，并且在大赛中代表吉林女子学校获得了满意的成绩。

2. 竞赛精彩片段

3. 指导教师点评

李加乐2015年进入集训队,她给老师们的第一印象就是内向、沉默。刚进入集训队的时候她并不引人注意,只是默默地一个人训练,慢慢地,她的刻苦训练得到了老师们的认可。2016年国赛选拔赛的时候,由于她是第一次参赛,缺乏比赛经验,发挥并不是很理想,差一点就错过了进入国赛的机会。经过这次比赛之后,她更加刻苦努力地训练,有问题的地方自己就反复练习,不怕苦不怕累,在枯燥的训练中坚持了下来。付出得到了回报,在吉林省赛中她获得了一等奖第三名的成绩,晋级国赛。

生活中的李加乐是个善良、勤恳的学生,和同学之间能互相帮助,共同提高,对于新选手她会无私地给予帮助。"相信自己能力的人,任何事情都能够做到。"这是李加乐的人生格言。相信她通过努力一定能实现自己的目标和梦想。

四、彭红梨——来自"世界水电之都"宜昌,技能大赛成就人生梦想

1. 个人成长过程

我叫彭红梨,是2015级旅游专业的学生。经过选拔,我开始了漫长的备赛之路。从一无所知到熟悉赛项规程,一点一滴都为我诠释了一分耕耘一分收获的真理。生长在大山里的我从没有想过把自己展现在众人面前,随着训练的深入,从最初的脸红心跳到现在的淡然处之,我越来越阳光自信!感谢我的两位指导老师,是她们一直悉心指导和鼓励,我才能突出重围,冲向国赛。我会好好把握时间,全面发展,为我的人生画卷涂下一抹绚烂的色彩。

2. 竞赛精彩片段

3. 指导教师点评

彭红梨是一个头脑灵活、能吃苦的女孩。活泼向上、较强的记忆力和动手能力是她参加技能比赛的优势。在国赛前,她是客房服务部的选手,今年国赛内容更改后,从客房服务技能到餐饮服务技能,她需要更加全面的训练,她善思考、爱钻研,能够和队友、老师一起研究、琢磨,找到最适合自己的方法,突破一个又一个训练难点,迅速提升自己的技能水平。尤其在备赛后期,面对训练的反复和瓶颈阶段,她迅速调整心态,突破瓶颈,实现了最终的华丽蜕变。

"宝剑锋从磨砺出,梅花香自苦寒来。"从2016年的市赛到2017年的国赛,对于彭红梨来说,每一次比赛都是一次破茧成蝶的过程,也正是在不断的蜕变中,她越发成熟和自信!一路奋进,一路高歌,我们相信,她终将在人生的道路上斩获更多精彩!

五、刘禧辰——来自首都北京,肯吃苦、会创新、爱钻研的帅气男孩

1. 个人成长过程

我是北京市外事学校酒店专业部的一名高二学生刘禧辰。我热爱我的学校,学校的老师们温柔又不失严谨,学校里有齐备的教学资源、热情向上的同学们、多姿多彩的专业课。在校期间,学校的技能学习不仅增强着我的动手能力,更锻炼了我的逻辑思维能力。

今年我代表外事学校参加了北京市中等职业学校酒店专业技术技能比赛客房中式铺床赛项,获得了一等奖的好成绩。我会不骄不躁,继续努力。艰辛的训练过程不仅磨炼了我的意志,还使我变得更加沉稳、豁达,这都是我人生中的宝贵财富。我会竭尽全力在国赛的舞台上展现出最真实的自己!

2. 竞赛精彩片段

3. 指导教师点评

刘禧辰同学是一名好学、肯吃苦、会创新、爱钻研的帅气阳光的男孩。凭着一股冲劲，他参加过两届北京市酒店中职技能大赛，两次比赛都拿到了一等奖。

去年，由于名额有限，他没有进入国赛，当时情绪有些低落。老师看在眼里，找他谈心，对他这一年的努力给予了充分肯定，并分析他在技能方面存在的一些问题。禧辰反思后，明确了自己的目标。在训练中无论遇到多少技术难题，他都认真对待，同时不厌其烦地规范自己的技术动作。为了更好地提升自己的铺床水平，他每天都反反复复地练习，让老师们感到欣慰。

今年，他顺利进入国赛。但问题又来了，今年赛事要求一名选手要比赛两项技能：中餐摆台和中式铺床。在困难面前他没有退缩，虚心听取老师的专业指导，抓紧每一分每一秒练习新的技能，力求每个细节都做到完美，每一步都走得那么潇洒帅气。训练期间，他充分展现了高标准专业酒店服务人员的素质修养，我们期待并祝愿他在国赛的舞台上取得好成绩。

六、张远航——来自中原明珠平顶山，奋斗的人生更精彩

1. 个人成长过程

我的家庭环境平实而温馨，父母勤奋、积极的人生态度让我的人生成长之路充满了阳光和感动，而父亲严以待己、宽以待人的教育也让我受益匪浅，我学会了在学习和生活中遇到困难时不急不躁、客观冷静地处理问题。在同学眼中我活泼爱笑，朴实纯真的笑容总能感染身边的人。而在老师眼中，我已经是个成熟自信、坚韧刚强的小男子汉了，在困难面前永不退缩。

2. 竞赛精彩片段

3. 指导教师点评

张远航同学性格沉稳大方，遇事冷静沉着。在集训阶段，生活枯燥而孤独，高强度的实操训练和繁重的理论记忆任务非常考验选手的心理素质。实操的速度和质量在特定的阶段遇到了瓶颈，他在毫厘之间摸索，汗水蒙住了双眼，却掩盖不了他那坚毅

的眼神。英语是张远航同学的短板，而今年题型变化很大，题量增加，这让他心理压力陡然剧增，于是"与世隔绝"闭关式的训练开始了；经过每个单词的反复研读，每个句子数千遍的背诵，这个阳光的大男孩由最初的恐慌慢慢地沉静下来，最后终于敢在人前自信地背诵英语了。比赛的日程一天天逼近，张远航每天除了实操、英语就是理论知识的抽背，紧张却充实，他说自己喜欢这样充满挑战的生活。奋斗的人生更精彩，祝愿这个阳光的男孩能在国家技能大赛这个舞台上开创自己独特的人生篇章！

七、闫帅——来自辽宁鞍山，坚持一定会有收获

1. 个人成长过程

本人闫帅，来自辽宁省，就读于鞍山市现代服务学校。我是一名性格稳重，但有时也流露出一些孩子气的帅气小男孩。在专业技能的学习中，我对酒店专业技能操作产生了浓厚的兴趣，主动要求放学后自己练习技能。经过了一段时间的练习，我的技能水平突飞猛进，在省技能大赛选拔赛上，脱颖而出，并代表辽宁省参加国家比赛。在即将开始的国赛上，我有信心能取得优异的成绩，这种信心，除了自己的勤奋努力，也源于我经常说的一句话：如果感到此时自己很辛苦，那么告诉自己——容易走的路都是下坡路。坚持住，因为你正在走上坡路，走过去，你就一定会进步。

2. 竞赛精彩片段

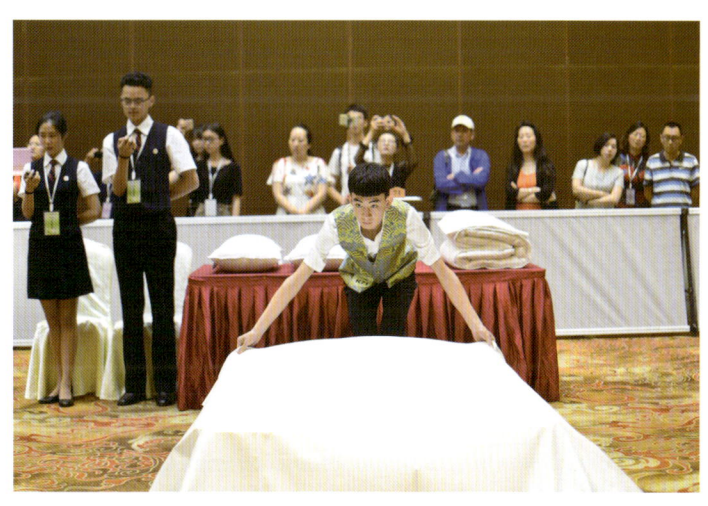

3. 指导教师点评

人生之路不会笔直向前的，总有崎岖泥泞，总有坎坷艰辛，只要我们坚持正确的前进方向，终会有一天我们做的事会有收获。

中式铺床训练是非常枯燥也是要求精细的一项操作技能，闫帅同学用他的那份执着和坚持，通过自己在操作技能上的不断摸索，通过勤奋与努力的训练，不断地攻克一个又一个难关。

中餐摆台技能训练主要看的是细节，从动作姿态的训练，到餐具距离的矫正、位置的准确程度，甚至一个面部表情，都要一步一步分阶段训练。

在理论方面，英语是他的薄弱点，但他每天只睡4个小时，坚持不懈地一遍又一遍地熟读与背诵，使英语口语能力明显提高，连指导他的英语老师都惊讶地称赞他进步飞快。这就是指导老师心目当中的优秀学生、优秀选手。

八、傅纹楦——来自魅力之都上海的小精灵，以微笑迎接每一次挑战

1. 个人成长过程

我来自上海市现代职业技术学校，我是个性格开朗、乐观、积极向上的女生。无论遇到什么困难我总是露出甜甜的笑容，因为我坚信：有志者事竟成！能代表上海市参加全国职业院校技能大赛酒店服务比赛是我的梦想。因此，在平时训练中，我认真研读比赛规程，和指导老师一起对每一个动作每一个细节进行反复推敲，力求做到尽善尽美。同时，对技术动作我也有自己的想法，敢于尝试，对指导老师指出的细节问题能及时找到解决的办法，并能举一反三，立即实施到操作过程中。参加国赛训练，丰富了我的人生阅历，挑战了我的能力极限，让我在各方面都得到了锻炼。我要以微笑迎接每一次挑战，努力实现自己的目标！

2. 竞赛精彩片段

3. 指导教师点评

傅纹楦同学遇到困难总是露出甜甜的笑容，让你觉得一切都不是问题！同时她也是一个比赛型选手，越是竞赛、越是对抗就越能超水平发挥。由于专业方向问题，虽然她的技能基础较差，但是胜在肯动脑肯琢磨，对操作技能有自己的想法，敢于尝试。成为正式选手后，大量的专业理论题和英语口试题成了她要战胜的新对手，于是她动脑筋找同学和老师来陪练，到各班级去展示，总之，运用一切可以利用的资源来锻炼自己的胆量和提高技能。

期待傅纹楦同学在全国大赛的赛场发挥出应有的水平，成就她的梦想！

九、廖安昊——来自天府之国成都。做任何事都要积极主动

1. 个人成长过程

我叫廖安昊，来自四川省成都市礼仪职业中学。在校期间，我在各方面严格要求自己，有一定的自我管理和自我教育能力。我积极参加学校组织的各项活动，是校中餐队和咖啡队的成员。2017 年 10 月，我荣获 2017 年成都市中职生职业技能大赛中餐宴会摆台一等奖第一名；12 月，荣获 2017 年四川省中职生职业技能大赛中餐宴会摆台一等奖第一名；随后，我

积极备战2017年在苏州举行的国赛,并取得了良好的成绩。

2. 竞赛精彩片段

3. 指导教师点评

廖安昊同学对人真诚友善,性格开朗,做事积极主动,深受同学和老师的喜爱。在训练期间,他刻苦认真,抓紧每分每秒去练习,不断提高自己的技能水平。他很好学,稍有不懂就请教老师,从而让自己的技能水平更加专业。背理论时他也十分积极主动,尽自己最大的努力去背题;训练技能的休息期间,一有空他就不断背诵,不断复习,让自己快速在规定时间内完成任务。他的努力得到了所有老师的赞赏。

十、林尤林——来自东南沿海福建,青春不负梦想

1. 个人成长过程

2014年9月,刚入校的我是一个普通得不能再普通的女生,英语基础很差,实践操作在班里也只是中上水平。英语口语是我的弱项,而我的办法就是:比别人更努力。每天晚上宿舍熄灯后,我就拿个小凳子,蹲坐在厕所门口自己背书。

努力让我收获了2016年的国赛资

格。遗憾的是最后我没有获得任何名次。痛定思痛后，不服输的我开始了第二年的训练。这一年，我一路过关斩将取得厦漳泉三地市联赛第一名、福建省赛一等奖的好成绩，也再次入围了国赛。我的办法还是：比别人更努力！

2. 竞赛精彩片段

3. 指导教师点评

要将中式铺床的规范动作做到熟练精准、行云流水，练习的过程漫长，而且是极其枯燥和辛苦的。每天无数次的反复训练，考验体力更考验毅力，但是比赛中任何一个小失误都可能导致前功尽弃。

经过失败的历练，尤林不再停留于简单的机械重复，她开始有了更多的反思，每完成一遍她都要细细地反思动作完成的得失。这也使她的备赛渐入佳境，她以自己熟练流畅的动作表达着一种行云流水的节奏美感，以整洁美观的作业完成追求温馨舒适的服务情怀。在巨大的压力面前，尤林也不止一次地背着人掉眼泪，但是擦干眼泪一转身她又认真地投入训练中去了。她说，这是最后一次站在国赛的舞台上了，为了梦想，一切的付出和努力都是值得的！

加油，尤林，愿你的青春不负梦想！

十一、方婷——来自阳光海南，笑容灿烂，努力拼搏

1. 个人成长过程

我来自海南临高，热带岛屿与灿烂的阳光赋予了我热情开朗的性格和努力拼搏的精神。2014年我来到海南省经济技术学校就读心仪的高星级饭店运营与管理专业，我很快树立了职业目标——做一名优秀酒店人。为此，我努力学习专业知识，取得了优

酒店英才 放飞梦想

异的成绩,每个学期都获得海南省及学校的奖学金,同时在校期间还不断地参加各种活动来锻炼自己、提升自己。

在学校,我是校学生会的一员,同时也是女子篮球社的社长,在赛场上我有一股不服输的劲头。我把这劲头带到了技能比赛的赛场上,我积极地参加校级、省级各项酒店技能比赛,取得了较理想的成绩。为了了解酒店的实际工作流程,我还利用寒暑假到海口一个五星级酒店进行专业见习。

我相信,凭着努力,我以后会有更广阔的专业舞台!

2. 竞赛精彩片段

3. 指导教师点评

方婷同学是一个做事认真努力的女孩儿,在专业学习中,她从不偏科,不仅仅是餐饮技能,其他专业技能如客房铺床同样能完成得很好。她的身上有一股冲劲,在学校的省赛集训前,她能够迅速掌握中餐及客房项目的训练要点,赶上进度,最终在海南省选拔赛中脱颖而出获得了第一名。方婷的心理素质较好,是比赛型选手,虽然赛前会有些紧张,但她能迅速调整心态,一到赛场上就能够把自己最好的一面展示出来,表现自如,越赛越勇,最终走上了国赛的舞台。

十二、游慧——来自"物华天宝,人杰地灵"的江西,执着让我遇见更好的自己

1. 个人成长过程

我是个吃苦耐劳、能迎难而上的女孩,我坚韧的性格在枯燥的国赛集训中起到了至关重要的作用。集训的整个过程非常艰苦,苦练技术的同时又要背诵大量的中英文题目,我克服重重困难,攻克难关,最终在2016年的国赛中拿到三等奖的好成绩。2017年,我本已踏上相对轻松的实习岗位,但对去年的成绩心有不甘,最终放弃了高薪收入,重返校园,挑战自我,再次加入集训队的行列。

2. 竞赛精彩片段

3. 指导教师点评

游慧,她有耐心也有毅力,加之上一届国赛的历练,她变得更加成熟,更加有经验了。但是今年的国赛对选手要求更高了,时间紧,任务重,既要准备中式铺床项目,又要准备中餐宴会摆台项目,并且中英文四套题库。面对强大的压力,游慧并没有气馁,化压力为动力,更加刻苦地钻研技术,力求精益求精;同时,面对大量的试题背诵,她抓紧一切空余时间,将所有题背得烂熟于心。今年的国赛马上到来,希望这个

有韧劲儿的女孩能在赛场尽情驰骋,再创佳绩!加油!

十三、李美龄——来自秀美的瀑乡安顺,不骄不躁,奋勇争优

1. 个人成长过程

优秀是一种习惯,争优是一种态度。我叫李美龄,是一个怀揣梦想并能为之努力的女孩。我从小热爱舞蹈,擅长瑜伽和拉丁舞;2015年9月,我开始了在安顺职业技术学院的学习生活。凭着认真学习、积极向上的态度,我很快就从同学中脱颖而出,幸运地被选拔成为中职酒店服务项目选手;经过自己的认真努力,老师的悉心指导,我在市级、省级比赛中都取得了一等奖的优异成绩,并终于获得了国赛的入场券。舞台越来越大,我很激动,很珍惜这样的机会,每天训练时间长达12个小时,但我从不抱怨。我是一个追梦的女孩,为了到达心中的绿洲,在追梦的路上,我一直在努力、奋斗、拼搏!

2. 竞赛精彩片段

3. 指导教师点评

身材瘦弱,乖乖女,爱笑,有礼貌——这是我对李美龄的第一印象。将近一年的训练后,这个女孩成长了许多,从刚刚开始的不主动,变得踏踏实实、勤勤恳恳。参加贵州省技能大赛获得一等奖的好成绩后她并不骄傲,每天都坚持晨练,保持良好的

身体素质和心情是她一天训练的开始,在枯燥的训练和背书过程中她总能笑着找到释放压力的方法,尤其是针对自己较弱的英语底子,她更是付出了比别人更多的努力。在比赛中,她总会克服心理压力,展示出最好的水平,从标准的站姿、蹲姿、走姿、手势到熟练的摆台、折花,再到客房铺床的每一个环节,都是她一步一个脚印练出来的。

从市赛到省赛,每一次比赛对李美龄来说都是一次历练,她慢慢克服了紧张、恐惧的心理,已经能够从容应对比赛,希望她在国赛中发挥出水平,取得佳绩!

十四、金冬雪——来自东北,技能改变命运

1. 个人成长过程

我叫金冬雪,是个活泼自信又有点叛逆的东北女孩。2015年9月,带着没有考入理想高中的遗憾,我走进大庆外事服务职业高级中学,成为一名旅游服务专业中职生。为了弥补遗憾,实现自己的大学梦,从高一开始我每天认真听讲,刻苦学习,在第一次期中考试中取得班级第一的成绩,以后历次考试,都稳坐班级第一,我找回了对学习的自信。

从高二开始,我被选入餐饮服务大赛组。从最初的反感、想退出,到后来刻苦与努力地训练,我改变了许多。经过校内多次选拔、淘汰,我最终被确定为大赛选手,并在黑龙江省酒店服务赛项中获得一等奖的好成绩。在国赛备赛期间,我克服重重困难,每天从早到晚刻苦训练摆台和做床两项技能。此外,还要背专业理论和英语题。虽然备赛的过程辛苦、枯燥,但我自始至终都认真对待,期待我的努力会有回报。

2. 竞赛精彩片段

3. 指导教师点评

金冬雪同学以省赛一等奖的好成绩进入国赛集训队,从此开始了刻苦的训练生活,每天都要严格按照训练课表进行餐饮摆台训练、客房中式铺床训练,对于自己的弱项要反复练习数次。长时间的枯燥训练,学生偶尔也会情绪低落,在她迷茫不知方向的时候,老师会耐心地与她谈心,细心疏导,使她明白国赛对她人生的重大意义。在国赛训练中还遇到了很多问题,例如铺台布怎样能一步到位、折餐巾花时如何不碰到手、如何一次性套好被等,她都按照老师的要求逐个把难关攻克,注意每个步骤的细节,使自己的操作技巧得到很大的提升。同时学校领导也给予国赛训练最大的支持和帮助,除了安排专业技能老师和理论老师进行训练,还安排英语老师、形体老师和心理老师进行辅导。学校还安排了多次国赛模拟演练,使学生的心理素质和技能水平得到很大提升,收获了很多经验。

十五、夏禹——来自辽宁沈阳,努力不一定成功,但放弃一定失败

1. 个人成长过程

如果用一支曲子表达内心,我会选择《怒放的生命》,它让我在脆弱中选择坚强,在压力之下从不逃避……

我叫夏禹,是沈阳市旅游学校的一名学生。刚接触酒店服务时,我并不是很优秀,常因身体单薄跟不上训练节奏。"努力不一定成功,但放弃一定失败。"这句话一直是我坚持训练的动力。在老师的悉心指导下,我有了飞速的进步,冲破了层层选拔,最终站在全国职业院校技能大赛的赛场上。

　　几个月的训练，褪去了我青涩和稚嫩的软弱，洋溢在脸上更多的是自信，是融化在血液中的积极进取的人生态度和深藏于内心的职业梦想。

　　大赛对于我更像一面镜子，投射出我的不足也呈现出我的闪光点，它让我不断完善自我且受用终生。感谢这个舞台，使我找到了属于我的人生目标，我会不断创造属于我的辉煌！

2. 竞赛精彩片段

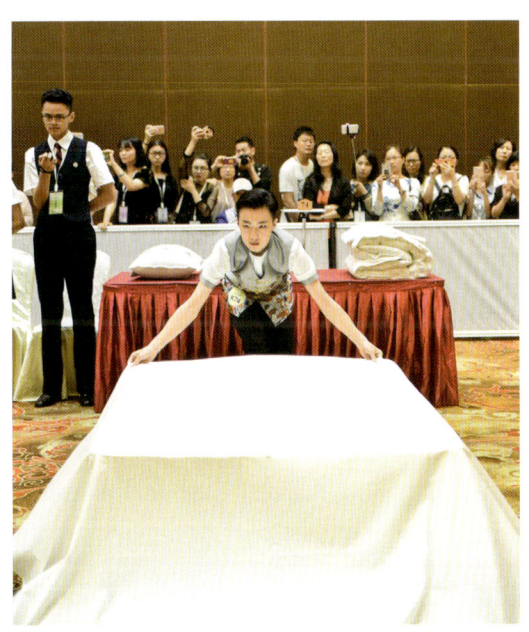

3. 指导教师点评

　　夏禹，一个阳光大男孩，对自己的人生有着明确的目标。提起他，我们总会想到操作室里那刻苦训练的身影。他，阳光、上进、拼搏。训练初期，夏禹就表现出执着而坚韧的一面。为了扎实掌握酒店服务技能，每天放学后都是他加倍训练的开始。英语基础并不是很好的他，白天练习技能，晚上还要苦背英语和专业理论，面对一个个艰难的考验，面对一重重技能上的困难，他没有退缩，慢下性子，不放过每一次休息时间，耐心、反复地练习，直到熟背每道英语和专业理论知识，熟练掌握每项基本技能。

比赛本身并不是一件单一的事情，如何把握节奏，如何控制速度，如何掌控全局，如何平复心态，都是指导老师需要花心思研究的东西。因为心中有目标，我们浑身充满力量，用百倍的信心积极备赛。

十六、杨欣——美丽鹭岛骄傲的凤凰花，笑对人生，度过精彩的每一天

1. 个人成长过程

闽海之滨，有我集美乡，山明兮水秀，胜地冠南疆。大家好，我是来自陈嘉庚先生创办的集美工业学校的杨欣。我出生在"天府之国"——四川，成长在美丽鹭岛——厦门，个性中既有巴蜀儿女的直爽大方，也有闽南女子的温柔婉约。在校时我潜心遨游于知识的海洋，放假后我渴望穿行在祖国的大好河山中。通过学习和旅游，我明白真正的生命交响曲，本身就包含着成功与失败的双重乐章，我要精彩地过人生的每一天，因为只有那样才会珍惜生活，笑对人生，这才是我的人生观。时值六月凤凰花开，有机会在浪漫的姑苏故里展示自己在校两年的所学，我一定要像火红的凤凰花般骄傲地绽放在国赛的舞台上。

2. 竞赛精彩片段

3. 指导教师点评

省赛失误，受挫反思：一战成名，早早确定国赛资格，让她迷失了自己，心浮气躁地未能沉下心来好好训练，结果在省赛中出现失误，未能取得理想成绩。失利让她反思：唯有苦心练习，才能实现自己的梦想。

再次出发，为梦独行：虽然因赛程的调整和名额的减少，一直与她并肩奋斗的伙伴不能继续同行让她心里备受压力，但为了那个最初的梦想，她调整好心态，再次启程。训练过程虽然枯燥、单调，但相信杨欣的坚持和努力可以让她的梦想在国赛舞台骄傲绽放。

十七、卢瑞珍——来自广东潮汕，笨鸟先飞，勤能补拙

1. 个人成长过程

人的第一次，往往需要勇气，但是第一次也往往会有意想不到的收获，因为它是探索，是挑战，是机遇。2016年一次偶然的机会，我被老师选进中餐宴会摆台技能竞赛队，经过老师的悉心指导与自己的努力，我获得了参赛资格，取得了不错的成绩，但还是与国赛擦肩而过。

2017为圆国赛梦,我又来了。我相信:笨鸟先飞,勤能补拙。客房操作技能是我的超大弱项,在无数次迷茫过之后,我还是通过每天高强度的训练与不服输的意志力获得了国赛的入场券。希望站在国赛场地的那一刻,我能做到享受比赛,不去想输赢!

2.竞赛精彩片段

3.指导教师点评

努力的女孩子运气都不会太差!经历多次大赛的磨炼,这个潮汕女孩最终出现在国赛的赛场上,这是她本人之幸,也是老师之幸。在国赛的赛场上,她绝对不是最有天赋的那个,也不是最聪明的那个,但是她却是一个厚积薄发、勤奋努力的人。这是一个具有"匠心精神"的中职学生。

她是一个喜爱阅读的女孩子。所以在每一次的比赛后，她都能得到更大的启发，进而能够将之转化成自己的能力和特点。因此，技术技能的讨论成了我们之间最快乐的事情。

她是骨子里带着潮汕人那种坚韧和敢拼的人。从参加第一场比赛到现在，我看到了一个在赛场上逐步霸气外露的大将。因此在面对困难的时候她变得更加淡定，有着"从哪里摔倒就在哪里爬起来"的毅力和战斗力。

她是一个自我要求严格到近乎焦虑的女孩子。在比赛前的一刻，她还有着无数的技术问题跟你来讨论。因此，这种高度集中的注意力为她带来了心无旁骛的状态，使她能够深入到每一个技术的细节，并且精益求精。

十八、姚丽婷——来自广东揭阳，超越自我，获取成功

1. 个人成长过程

本人姚丽婷，来自广东揭阳。由一开始在老师的鼓励下来参加校内的选拔，到后来正式成为选手；由一开始的懵懂，到后来的坚定；由一开始的胆怯、没自信，到后来的焕然一新，这些都见证了比赛带给我的成长。训练虽苦，但同时我收获了很多，认识了很多不同类型的选手，很多院校专业的学生，大家相互学习，相互交流，相互切磋。在这个过程中我还学会了许多，了解了酒店方面的专业知识，如技能的实操性、服务的操作性、行业的需求性等。我不仅增长了见识，还锻炼了自己。希望大家一起努力，赛出水平，赛出风采。

2. 竞赛精彩片段

3. 指导教师点评

姚丽婷同学在长时间的备赛过程中，经历了省属赛、省赛、国赛PK赛、国赛，这中间她有过彷徨，有过不确定，有过自我怀疑。对于参赛选手而言，比赛赛得不仅仅是专业技能，更考验的是心理素质，如何在紧张的时刻镇静自我，如何在紧张的气氛中保持敏捷的思维。但她一次次的成功再一次证明：世界上最难超越的人是你自己。很多人没跨过去，他们彷徨了，但有的人做到了，他们便从平庸走向了成功。很明显，这是一种智慧。每一个人都是不平凡的，姚丽婷做到了，她相信：奋斗是花朵，绽放出光明与希望；自信是果实，回报以芳香与甘甜；成功是落叶，奉献出余热化春泥。她提到了"焕然一新"，我认为是她发掘了自己的潜能，遇到了一个全新的自己！

十九、晏钱源——来自天灵地秀的重庆，刻苦努力，突破自我

1. 个人成长过程

我于2015年进入重庆市旅游学校。我是一个性格开朗、外向但又不失稳重的女孩，进入旅游学校的第一年就担任班长，此后连续获得"优秀班干部"的称号；我积极参加各项比赛活动，在文明风采演讲比赛中荣获重庆市一等奖，在职业教育出彩人生演讲比赛中获得重庆一等奖，在文明风采征文比赛中获得全国二等奖，在重庆市技能大赛酒店管理与服务中获得重庆市二等奖。对于我来说，每

件事情都是一种自我挑战与锻炼。我对自己严格要求，在训练过程中刻苦努力，不断突破自我。准备冲刺国赛的阶段对于我来说更是对学习态度、为人处世、综合素养的一种无形训练，相信只要在能流汗的年龄努力，就一定不会让自己在最后流泪懊悔。希望通过全国技能比赛的这个平台，为自己中职阶段的人生画卷添上浓墨重彩的一笔！

2. 竞赛精彩片段

3. 指导教师点评

晏钱源同学品学兼优，身上洋溢着青春的气息。进校以来，她就表现出较强的自制力和学习能力。入选学校旅游专业集训队后，为了适应比赛项目的变化，她每天刻苦训练，她一直深信：赛场上的一举手一投足，不仅是选手过硬的专业技能的展示，更是知识积淀和深厚素养的综合展示。在训练过程中，学校为她量身打造了优秀的训练团队：从礼仪形体到英语、普通话，再到专业技能和心理辅导，每一个阶段各项目负责老师都要就她的情况进行交流讨论并适时修正训练计划。学校还邀请了其他学校的老师和行业专家来校进行指导。重庆市上级教育部门也多次安排各校之间进行拉练和比赛。在一次次的竞技和磨炼中，晏钱源同学提高了技能，积累了经验，培养了酒店行业人的岗位气质，相信她定能在国赛赛场取得佳绩。

二十、冯浩然——来自赤色的山峰，赤峰。相信未来的我会成为更好的自己

1. 个人成长过程

我还记得第一次参加技能大赛的情景，其实那时对大赛的理解还仅限于表面，甚至更多的是为了做一个听话的学生——老师让去就去了。从第一次获奖，到参加自治区的比赛，与来自更多学校的选手同台竞技。竞争带来的荣誉感、使命感是我以前从未体会到的。技能的精准和熟练让我重新审视自己曾经的学习经历——其实没有什么是努力不能争取的，没有什么困难是坚持不能克服的。有了努力和坚持的体验，我相信未来的我会成为更好的自己。

2. 竞赛精彩片段

3. 指导教师点评

冯浩然平时乐观豁达，为人谦和友善，做事认真。在日常的练习中，他争分夺秒，不放过任何一个锻炼自己临场应变能力的机会。心理素质在一次次的演练中得到了明显的提高。为了能让操作技能的动作最精练，他不断与辅导教师就操作细节进行仔细推敲。他在短短的一个月内就攻克了英语难关，对于英语基础并不是很好的他来说，是一个极大的激励。相信有了这样精益求精的学习态度，任何困难都难不倒他。

二十一、徐宏艳——来自古城保定的铿锵玫瑰,发扬工匠精神,追求卓越极限

1. 个人成长过程

我叫徐宏艳,今年 17 岁,来自美丽的保定市女子职业中专学校,所学专业是旅游服务与管理。

我是一个活泼开朗的女孩,在学校两年的学习生活中,积极参加学校组织的各项活动。我两次代表学校参加河北省中职院校学生技能大赛,均取得优异成绩。我喜欢画画,负责班级板报工作,主办的班级板报多次在学校评比中获奖。通过这些活动,我提高了专业技能水平,还增强了与人沟通的能力和团队合作意识,提高了心理素质,为将来我顺利走上工作岗位奠定了坚实的基础。

2. 竞赛精彩片段

3. 指导教师点评

徐宏艳同学是一个态度端正、性格开朗的女孩。自训练以来,她始终秉持"勤学苦练"的态度,脚踏实地完成了各项训练任务。

在最初的中餐宴会摆台技能训练中,徐宏艳同学在老师的悉心指导下,刻苦钻研、练习瓷器、玻璃器皿、公用餐具等的摆放距离;在中式铺床技能训练中,她按照床单、被套、枕头三部分的评分标准进行细致训练,上百遍地重复,不厌其烦;在英语、理

论口试两个项目中，她严格遵照大赛官网公布的题库内容进行一遍遍的背诵训练，强化细节，狠抓质量。

整个训练过程中，徐宏艳同学都能严格要求自己，坚定自己的信念，坚持不懈，从不抱怨，发扬工匠精神，追求卓越极限，以最自然阳光的精神面貌，满怀信心地迎接比赛！

二十二、王浩——来自首都北京，成长永无止境

1. 个人成长过程

在人的一生当中，很多事情不是一次就能成功的，所以有些成长远远不可能是一瞬间的事。当初我踏入外事校园时，仅仅是一名刚刚毕业的初中生，对于很多道理的感悟理解少之又少，青涩稚嫩可能是我这个年龄段特有的代名词。

技能专长对于每一名员工甚至普通人都很重要，做一行不光要爱一行而且还需要精一行。我有时比较浮躁，不是很稳重，对于很多事情只有三分钟热度，没有太多的坚持。但参加比赛的过程和经历让我慢慢地有所改变，每一个动作都需要精益求精，反反复复练习，就这样慢慢地磨炼着自己的性子，也努力地练习好自己的技能，相信付出总会有好的收获。

参加大赛的第一年，我有幸顺利通过市赛踏上国赛的道路，这对于我来说是一种从未有过的体验和经历。成长就是经历一次次蜕变，一次次地变得更好，成长是永无止境的。在职高的这一年，我相信是我人生中最重要的起点，也是刚刚开始的起点。人生的道路很长，长到需要用一生来慢慢学习、进步。每一次进步，都会遇见更好的自己！

2.竞赛精彩片段

3.指导教师点评

王浩同学，聪明好学，善于钻研，有较强的进取心。他的强项是客房的中式铺床，他的动作潇洒干练，帅气十足，精准度极高。每当遇到技术难题，他都会积极应对、反复练习、反复琢磨、分析问题，使技术水平不断提高。

中餐宴会摆台是他的弱项，从开始接触到参加国赛只有短短的两个月时间。他按照老师的指导，对照标准，踏实练习。从走姿、站姿、端托、行礼到摆餐具、叠餐巾花，每个细节他都力求做到完美。值得一提的是，他钻研出来的餐巾花精巧美观、难度系数高。训练中，他无助过、退缩过，但他顶着压力扛过来了。如今，他能在客房中式铺床和中餐宴会摆台之间完美地转换，充分展现了高标准的酒店专业服务人员的素质修养。我们期待着他在国赛的舞台上有更加完美的表现。

二十三、杨琼——来自水仙花的故乡漳州，技能大赛成就人生梦想

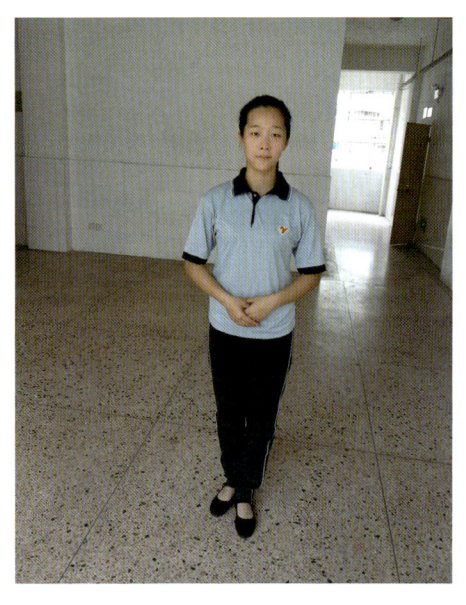

1. 个人成长过程

我来自美丽的水仙花故乡——漳州。我，有着安静的性格，自从踏入福建省漳州第二职业中专学校，有幸成为职业院校技能竞赛参赛选手开始，我就在二职"自主、自立、勤学、苦练"的学风中一路成长，蝉联福建省职业院校技能竞赛酒店服务项目一等奖。在职业教育多彩的花田里，我播种爱、播种技能、播种成长，打造自己的花样青春，我给自己的人生布下远景规划，定下明确的目标，并且朝着正确的方向坚持不懈地奋斗。我相信，只要有着足够坚定的意志，梦想就一定能够实现！

2. 竞赛精彩片段

3. 指导教师点评

杨琼是个十分乖巧的孩子。她最大的特点是学习态度极其认真。技能比赛不只考验选手的技能，更重要的是考验她们训练时的心智。在整个比赛训练过程中，她始终保持着强烈的进取精神，训练中细心、踏实，能虚心接受指导，较好地掌握竞赛理论知识与技能技巧。我们漳州不仅有美丽的水仙花，更有不屈不挠的中国女排精神！杨琼正是秉承着"清香、自信、自立、自强"的"二职"文化精神，保持着"自主、自

立、勤学、苦练"的良好学风，一步步地从市赛第一到省赛夺冠，现在又冲向国赛。不管结果如何，我和她都坚信，我们努力了，付出了，就不用后悔。中国女排精神和"二职"水仙精神依然激励着我们前行。祝愿杨琼同学今后的人生路更加辉煌灿烂！

二十四、赵磊——来自皖江明珠安徽芜湖，面向未来，放飞梦想

1. 个人成长过程

我，赵磊，一个爱追梦的男生，来自美丽的皖江明珠安徽芜湖，是这次技能大赛酒店服务赛项的选手。年轻的战场上，我将为梦想而战，青春的舞台上，我将为胜利代言。

回首来时路，在参加技能大赛的路上一路走来，从惶惑到自信，从稚嫩到从容，一日日周而复始的训练磨砺着我的青春，一滴滴无怨无悔的汗水滋润着我的梦想。一次又一次的挫折让我悄然成长，一次又一次的进步让我日益强大。

感谢老师的无私指导，感谢同学的一路陪伴，今天，我来了，我站在这里，年轻的战场上，我面向未来，放飞梦想……

2. 竞赛精彩片段

3. 指导教师点评

赵磊，一个内向、腼腆，不苟言笑，爱追梦的男生。

他，训练刻苦，善于总结，以优异的成绩通过市赛、省赛，带着追求与梦想一路

走来。

他，目标明确，渴望成功，他的自信来自他刻苦的训练，他的坚定来自他的自信。在老师的悉心指导下，他渐入佳境，举手投足之间，充满了干练从容的专业气质。

大赛获奖是每个选手的梦想，但走过一轮轮省市淘汰赛的过程本身就是一种胜利。身为老师，眼看着这个追梦的男孩一天天蜕变，变成一个自信无畏、绽放着明媚笑容的追梦人，心中的欣慰难以言喻。

梦想像一盏明灯，照亮了前方的道路，祝愿并相信他放飞的梦想因为大赛而实现！

二十五、黄圣德 ——来自祖国宝岛台湾，融合两岸集所长，身手不凡展英姿

1. 个人成长过程

我叫黄圣德，英文名 Philip，来自祖国宝岛台湾，自幼随父母来到天府之国——成都。这座宜居、宜学的多彩之都让我喜为人先、乐观自安，生活中我热爱传统文化、喜欢诗词歌赋，煮水品茶是我最佳的放松方式。我为自己是一名有素质、有技能的职高生而自豪，更为自己通过市级与省级的选拔代表四川中职学子角逐全国技能大赛而骄傲。

2. 竞赛精彩片段

3. 指导教师点评

黄圣德同学在学习中认准努力方向，朝着选择的目标坚持不懈。为了使自己在有限的时间内训练效率最大化，他在知识技能、仪容仪表、身体素质、心理素质等各环节的训练中，孜孜不倦，夜以继日地拼搏着。尽管初次参加国赛经验尚浅，但黄圣德刻苦训练、善于总结，以优异的成绩通过市赛、省赛，带着追求与梦想一路走来。

通过比赛，他的举手投足充满了干练从容的专业气质。今后，他将再接再厉、一如既往地朝着目标前进。

二十六、赵思杰——来自青海夏都西宁，努力学习，开阔眼界

1. 个人成长过程

大家好！我叫赵思杰，来自大美青海夏都西宁。我很幸运有一个开明的父亲和一个疼爱我的奶奶，无论我做什么他们都支持我，所以我选择去西宁市第一职业技术学校体验不一样的人生，为自己的生活增添不一样的经历。在这所学校我学到了很多以前在书本上学不到的知识，眼界也开阔了很多，尤其是我的动手能力得到了很大提高，对我以后的社会实践和成长会有重要的影响。

2.竞赛精彩片段

3.指导教师点评

赵思杰同学在校期间训练刻苦，在专业理论知识的记忆与认知方面能力较强，但他的自信心比较弱，常担心在比赛时发挥失常，后来经过刻苦训练，在比赛中正常发挥，取得了较为理想的成绩。

二十七、吴照辉——来自浙江义乌，书痴者文必工，艺痴者技必良

1. 个人成长过程

我是吴照辉，来自享有"世界小商品之都"的浙江义乌。"操千曲而后晓声，观千剑而后识器"，在义乌"勤耕好学，敢为人先"的城市氛围中，在同学的陪伴、老师的指导下，经过两年的努力，我终于幸运地冲入国赛。在美丽的苏州参加比赛，我感到无比荣幸。

优雅的气质，娴熟的手法，典雅的着装，这是我最爱的酒管专业赋予我们的。中餐摆台、中式铺床这些基础技能经过千万次的演绎，呈现了一场美好的视觉盛宴！作为一个男生我有一点点"逗"，甚至有点"二"，但对专业的执着让我百分百鲜活！无论何时何地，我都能自信地喊出："只要给我一个舞台，我就能给您一个惊喜！"

2. 竞赛精彩片段

3. 指导教师点评

能目睹学生的成长是老师最感欣慰和幸福的事情！初次接触吴照辉，给我的印象是憨厚踏实，眯眯眼，笑起来很是敦厚！他平时言语不多，但心志高远，骨子里有着一种倔强和坚韧，无数次的摆台、铺床也许乏味，他却总是乐此不疲。

高一一年的艰苦训练，他未能参赛。高二一开始，他尽管不是最起眼的那一个，

却是最让老师感动的那一个:每次踏进训练场地总能看到汗流浃背、执着训练的他。心向远方,负重前行,吴照辉终于在2017年的省赛中脱颖而出,直达国赛,实现了他参加技能大赛的梦想。

席慕蓉说:"每一条走过来的路都有不得不这样跋涉的理由,每一条要走下去的路都有不得不这样选择的方向。"技能成就梦想,希望在接下来的人生中,他依然能用铿锵的声音激励自我,用坚实的脚步追逐梦想!

二十八、朱芳莹——来自赤色的山峰,赤峰。把现在的每一天都过得充实而美丽

1. 个人成长过程

从最初懵懵懂懂地报名参加技能大赛的选手选拔,到真正成为一名一路过关斩将的获奖选手,一路磕磕绊绊走来,我才意识到,我完全可以突破曾经的自我,不断向更高的台阶迈进。两年来,大赛成为我学校生活中的主要部分,在每一次备赛的过程中,辅导老师都兢兢业业,他们的执着与探索精神激励着我不断克服英语口语和技能操作上的困难,让我在无数次的练习和重复中磨炼了意志,而不断刷新的大赛成绩也让我找到了自信。

2. 竞赛精彩片段

3. 指导教师点评

朱芳莹是一个为了梦想奋力追逐的女孩。从最初成为大赛选手的那一刻起，她从没有一刻因为英语基础薄弱而放弃，从没有一刻因为新增项目增加了比赛的难度而沮丧。有多少次，陪着她练习的老师从熟睡的她手中拿下了攥得紧紧的笔；有多少天为了能以更好的形象出现在大赛的赛场上，她顶着风冒着雨在操场上跑步，直到汗水浸透衣背。为了心中的目标，她奋力拼搏，为了未来更好的自己，她把现在的每一天都过得充实而美丽。

二十九、高凯华——来自文明之源洞宾故里芮城，独立自信圆梦国赛

1. 个人成长过程

来到"芮职"前，我是一个腼腆的男孩，整天没什么精气神儿。但是来到"芮职"后，我发现这里有一片广袤的天地，在老师的引导、同学的鼓励下，我迈出了自信的第一步，积极参加学校社团组织的活动，苦练专业技能，在学校技能大赛、市赛、省赛中相继获奖。正是这样的经历，让我对生活愈加热情，也让我愈加憧憬远方，为了让生命更加辉煌，也为了找到属于自己的那片诗和田野，我愿意付出不懈的努力。

我相信梦想一旦付诸行动，就会变得无比精彩。我希望不负这繁花似锦的青春年华，在自己的人生道路上留一行扎实稳健的足迹……

2. 竞赛精彩片段

3. 指导教师点评

自从开始辅导国赛，我就时刻关注着高凯华同学训练的点点滴滴，由于此次国赛酒店项目的比赛形式有了很大的改变，每个选手都要掌握酒店行业的两项核心技能，而这对于高凯华来说，意味着更大的压力，但是他在压力面前，积极调整心态，刻苦训练技能，决心迎战国赛。国赛的训练过程，就是一个自我成长的过程，高凯华不仅每天坚持锻炼身体，增强体能，而且他能够认真总结当天训练的得与失，不断完善自己的技能操作，正是一天天一遍遍的练习，才能突破一个又一个训练中的难点，也正是这种坚持不懈的努力，才造就了一颗更加强大的心灵。

心中有梦想就要一如既往地坚持，只要不放弃努力和追求，就一定能成功。当你勇敢地站在国赛的赛场上，你就已经成功了。为了梦想而努力的人，都是最棒的！高凯华，老师为你骄傲！

三十、王旭斌——来自火车拉来的城市：石家庄，有志者事竟成

1. 个人成长过程

我是来自河北省石家庄市旅游学校的一名学生，我有一颗敢于拼搏、不甘于平凡的心。从去年市赛一直冲到国赛，我体验过失败后的无奈，品尝过领奖台上的喜悦；用一句话来说就是："只要功夫深，铁杵磨成针。"在训练时，有时因为达不到老师的要求而烦恼，有时因为自己还不够努力而懊悔；更多的时候是因为找到操作窍门而感到开心。通过训练我认识到了自己的不足与差距，也培养了坚持不懈的精神。

有志者，事竟成。终有一天我将展现我的才能，书写辉煌人生！

2. 竞赛精彩片段

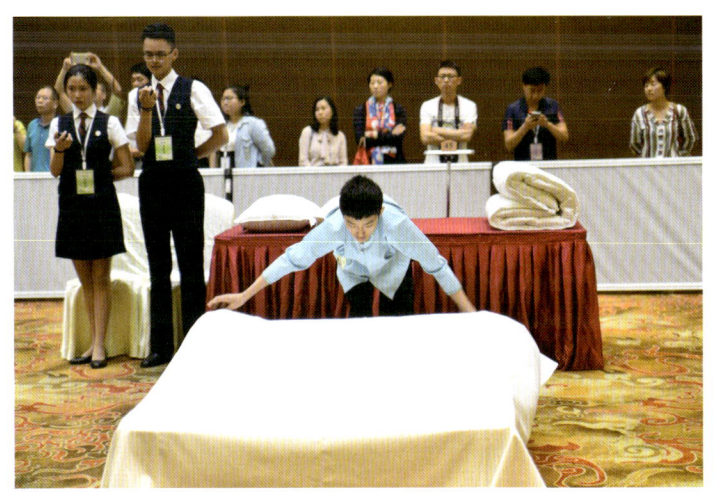

3. 指导教师点评

王旭斌同学聪明好学,在学习中积极探索,勇于创新。他从来不人云亦云,而是敢于表达自己的思想与观点,特别是在训练中敢于质疑,勤于思考,善于解决问题。

王旭斌是一个守纪、肯学、求上进的学生,为人心性坦荡,宽厚仁义,不激进,不与人争锋,同学都乐意与他亲近。在本学期他辛勤的耕耘终于有了丰硕的回报。希望他再接再厉,要树立信心,没有翻不过的高山,没有越不过的大海,只要胸怀坚定、坚强果敢,乘风破浪一定会有时。

九层之台,起于垒土;千里之行,始于足下。攀登理性之巅,没有一蹴而就的捷径,只有奋斗拼搏。学好一门知识,不是只学懂、学会,还要学精、学透,要不断扩大自己的知识面,综合考虑问题,努力争做一个对社会有益的适用人才。

三十一、孙雨晨——来自吉祥天佑、林碧水秀的吉林,砥砺青春,实现梦想

1. 个人成长过程

勤奋成就梦想,技能铸就未来。我叫孙雨晨,来自吉祥天佑、林碧水秀的吉林市。我性格开朗,热心助人。自进入吉林女子学校后,我就有了参与全国技能大赛的梦想。课堂上我认真学习知识和技能,课后积极参与酒店服务兴趣小组,坚持技能训练。入校一年多来,我经历过获奖的喜悦,也有过考试失利的落寞,但这些

并没有使我骄傲或放弃梦想，我始终刻苦训练，我相信生活蓝图需要自己来勾画，技能将为我开辟未来的道路。

2. 竞赛精彩片段

3. 指导教师点评

梦想之旅，从来不会是一片坦途。一路从校级选拔赛走向全国职业技能大赛的舞台，孙雨晨同学用勤奋与执着践行着自己的追梦之旅。

在校期间，她学习目标明确，踏实勤奋，品学兼优。无论课上还是课后，她总是抓紧分分钟实训的机会，夯实操作基础，有时也会和同学们一起在中餐实训室里默默练习，钻研各类餐巾花的折叠，练习创新花型。为了抓住国赛的机会，她积极参加各级各类的餐饮服务技能比赛，积累比赛经验。

行百里者半九十，孙雨晨同学清楚地认识到：进入了吉林队，身上便多了一份光荣，更添了一层责任。集训期间，她团结同学，刻苦训练，训练上"锱铢必较"，始终对自己高标准严要求，不断提升操作水平。希望她站在国赛的舞台上，砥砺青春，实现梦想。

2

第二部分

大赛总结——
为了明天更美好

第一节 领导寄语

江苏分赛区执委会主任曹玉梅在2017年全国职业院校技能大赛中职组酒店服务赛项闭赛式上的讲话

各位领导，老师们，同学们：

由教育部、国家旅游局等部委联合举办的2017年全国职业院校技能大赛中职组"酒店服务"赛项，经过两天的激烈角逐，圆满完成各组比赛，即将落下帷幕，这也是2017年全国职业院校技能大赛中职组的最后一个赛项。在此，我代表江苏分赛区组委会、江苏省教育厅，向取得优异成绩的选手和代表队表示热烈祝贺，向精心组织大赛的各有关承办单位表示衷心的感谢，向付出辛勤劳动、保证大赛公正公平顺利进行的裁判员、监督员、仲裁员和全体工作人员致以崇高的敬意。

江苏分赛区执委会主任曹玉梅女士

同志们，本赛项全面展示了旅游服务专业选手的技艺水平和良好的精神风貌，发现了一批旅游业优秀人才，取得了预期的效果。这次大赛是全国旅游服务类职业院校的大比武、大阅兵，承办单位做到组织工作细致有力、保障到位，在食、宿、行、赛等方面为大赛提供了良好条件，保证了比赛的顺利进行。赛中各裁判员和工作人员认真履行职责，严格执行规定，各参赛选手和领队按照比赛要求有序竞技、通力合作，共同营造了规范公正、公平透明的竞赛环境，充分体现了尊重劳动、尊重技能、尊重人才、尊重创造的良好风尚，大赛收官完美。

近年来，江苏职业教育不断改革创新，始终保持与江苏区域经济的良性互动，基本建成体现江苏特色的现代职业教育体系。2017年江苏分赛区共承办了21个赛项，占全国的26%，接待省外师生超过一万人，圆满完成预期的各项目标任务。我们会认真总结承办2017年全国大赛的成功经验，进一步提升职业教育质量和水平，引领广大师生通过诚实劳动、创新劳动，共同创造更加美好幸福的生活。

各位来宾，老师们，同学们，感谢大家第三次莅临江苏赛区苏州赛场共享盛会，祝贺大赛圆满成功，祝愿各位返程顺利。谢谢！

第二节　裁判点评

中餐宴会摆台与服务组裁判代表点评

本次大赛中餐宴会摆台项目共有全国37个省市代表队的104位选手参赛，由于是首次合并赛项，因此对选手、指导教师和裁判评判都是一次前所未有的考验。

一、评判原则与考核关键点

在赛项规程和评分细则的框架内，遵循以赛促教、以赛促练的原则，重点把握了两个方面的考核关键点：一是重视了静态的结果呈现，比如选手对各项尺寸的把握、骨盘间距、距桌边的1.5厘米、筷尾右下角距桌边1.5厘米、骨盘与汤碗及味碟之间的间距、三杯之间的间距、与对面餐盘是否对正、斟酒的分量等，对这些尺寸的考核体现了教学中对选手精益求精及工匠精神的培养要求，培养学生做事认真、一丝不苟的品格素养；二是重视了动态的过程表现，比如操作过程中的仪容仪表，动作优雅规范程度，操作卫生情况如是否净手、有无触碰杯口、手持杯子的位置、手持餐盘的位置等，拿取物品是否注意轻拿轻放，动作是否一次到位，这些内容考核选手对客服务规范的掌握程度，体现综合职业素养的要求，期望引导学校在教学中培养学生养成良好的职业习惯，展示优雅的职业风范。

二、得分点与失分点

（一）得分点

重点体现在几个分值较大的项目上，具体包括：骨盘定位，10分；三杯间距及持杯手法（包括折花中的持杯手法），10分；餐巾折花及折花中的卫生操作，15分；托盘斟酒，10分；综合印象及仪容仪表，11分。最终获奖的选手在上述方面均失误较少，表现良好。

（二）失分点

本次比赛失分比较多的考核点主要有骨盘间距不均等、与相对餐碟三点一线未对正、三杯间距过大或过小、餐巾折花的效果及落杯位置不佳（包括餐巾折花的种类、手法、款式新颖程度、造型是否精致美观、花型选择及摆放是否错落有致）、斟酒存在滴洒现象等方面。其中，斟酒滴洒问题比较严重，几乎85%以上的选手斟酒环节的分数都被扣光，分析斟酒失分严重的原因可能包括但不限于以下几个方面：合并赛项后原客房部选手在短时间内无法掌握斟酒要领，选手斟酒技术本身不过硬，心理素质不过硬（当报时员提醒比赛还有三分钟时，大多数选手此时进行到斟酒这一项，觉得时间不够了，开始慌了，其实三分钟用来斟酒时间是足够的）。失分较多的方面还包括综合印象，有些选手及指导教师对规范、娴熟、敏捷、声轻、姿态优美、岗位气质等要求的理解还不够，赛场上看好的选手的表现无不是优雅从容、气定神闲、动作干净利落、一步到位、操作声音很轻、微笑适度，这是值得所有选手好好学习的。

三、改进方向

今后改进的方向除上述问题外，还应在教学中注重对学生综合素养的引导与教育，比如从餐饮服务岗位的整体要求（知识、技能、态度）上加强对学生的培养，如何通过比赛转化成果并将之应用于教学中并惠及更多学生是我们共同需要思考的问题。

中餐宴会摆台与服务组裁判代表王培来先生

客房中式铺床组裁判点评

受人赛组委会委托，很荣幸在这里代表本次比赛中式铺床项目裁判组将比赛的情况与大家做简单的交流和分享。

今年是一个选手参加两个项目兼赛制实行的第一年，由于赛制的变化，大大增加了参赛的难度，也出现了一些新的特点。

从男女选手性别比例上看：往届大赛的中式铺床项目男女选手的比例基本上是4∶6或各占50%，中餐摆台选手女生的比例会占80%以上或者更多；而今年参赛的37支代表队的104名选手中，有男选手34名，占32.7%；女选手70名，占67.3%，形成了3∶7的局面，打破了以往大赛选手男女性别的比例。

从客房项目比赛成绩上看：本届比赛获得特别高成绩的选手人数较往年少。这也是由于选手性别比例的改变决定的。

我们都知道，客房铺床和中餐摆台两个赛项中，客房比的是力量和速度，而中餐摆台比的是娴熟和优美。正因为这个特点，在往年获得好成绩的选手中，中餐摆台项目女选手较多，而中式铺床项目中男选手较多。记得2014年，中式铺床项目前十名的选手中有9名男生，仅有1名女生。这些现象都影响着各学校对参赛选手的选拔。

客房中式铺床组裁判代表蔡平女士

兼项比赛制度确定后，对参赛学校和选手无疑都提出了更严峻的挑战。

尽管参赛难度大，对参赛学校和参赛选手的要求高，但本次大赛还是呈现了以下共同的特点：

1. 各参赛队对本次比赛高度重视，并做了精心的准备。

2. 历届比赛取得好成绩的地区和学校，今年也取得了较好的成绩，保持了较高的技能水平。值得庆幸的是，过去大赛成绩不理想的参赛队技能水平提升很快，专业素养越来越成熟，区域之间的差距越来越小，整体水平明显提升。

3. 从大赛上看，各个学校老师们对大赛标准的把握逐渐到位和统一、职业技能水平和训练水平明显提高，选手违规丢分和因对标准理解不透丢分的现象明显减少。这些现象从赛前答疑会和赛场上选手的表现均可以看出。

4. 近几年大赛中优秀选手的操作技法形成了一套成熟的客房中式铺床操作流程并得到了推广和普遍采用，由大赛初期的"白天鹅宾馆"流派和各自"五花八门"技法并存到现在形成的"南京流派"和"白天鹅流派"技法并存的局面。越来越多的参赛队整个操作过程利落、快捷、娴熟、优美、流畅。大赛达到了以赛促学、以赛促教的目的。

这充分说明大赛作为增加相互交流、促进相互学习的平台，对促进职业教育的发展起到了积极的作用。

5. 仪容仪表的展示有很大进步。从动作设计、服装选择到选手的表现，较往届大赛均有较大的提升，选手的职业气质展示越来越到位。在本次比赛中我们看到一些非常大方得体又符合岗位需求的客房服务员制服，看得出这些制服都经过参赛队老师的精心选择和设计。这些服装不仅能增加大赛的亮点，还可切实地用于酒店运作中并会引领酒店客房服务员制服的设计方向。

本次大赛中存在的主要问题及今后训练中需要注意的方面有以下几点：

1. 尺寸丢分严重。据统计，因尺寸丢过分的选手达95%以上，其中不乏一些看上去较美观的床面。在评分标准中，量尺寸的直接分值就有17分，占操作分75分中的22.7%，如果算上间接分值，分值就更多。可见尺寸把握对比赛成绩的重要性。要避免此项丢分，首先要仔细研读评分标准，掌握尺寸的得分要点和训练方法，之后反复练习，除此之外几乎没有捷径可走。

2. 超时现象明显。104名选手中，有79名选手在要求的三分钟之内完成操作，占76%，有25名选手未能在三分钟之内完成操作，占24%。在这些超时选手中，有近20名选手的超时数小于10秒，这些选手是完全可以通过时间控制来完成操作的，但有些选手往往没有控制时间的意识。建议老师们在平常训练时一定要训练选手对整个赛程把控的能力，树立时间控制意识，例如，在操作的最后，一定要把控时间，权衡小整理和超时带来的利弊，避免白白丢分。

3.被子、被套掉地现象严重。本次比赛有近三分之一的选手因床品在床头或床尾掉地被扣分，要控制床品掉地，除了需要力度之外，还要注意操作的方法和技巧，希望各参赛队在今后的训练中多加注意。

4.选手的心理素质训练有待加强。本次比赛有部分选手过于紧张，表现在仪容仪表的检查和对赛程把控的程度上，影响了选手水平的发挥。

5.一些选手的妆画得太浓，本次比赛有10余名选手将面部的粉底和口红沾到被子上。在被子上每有一个口红印或粉底印就会被扣掉0.5分的分值。

6.大赛表面上是考学生，实际上是考老师。老师们对标准的把握，对行业的理解，会通过选手在赛场上表现出来。当对标准把握不清楚，训练遇到瓶颈的时候，可以这样做：①借鉴以往优秀选手的操作方法；②向优秀参赛学校的老师们请教，互相学习交流；③多了解行业运作的实际情况。我想，如果老师们对酒店运作有更多的了解，就不会对"中式铺床比赛过程中要求微笑"和"脚伸进床板下"会不会扣分的问题再产生怀疑了。试想：在一个比拼速度的"三分钟"过程中再要求选手"露出八颗牙齿的微笑"是不是强人所难，即使选手勉强笑出来，是不是会使人感到很奇怪。服务业的微笑是要求发自内心的，当一个人理解服务内涵，热爱自己的工作时，会感觉到帮助他人后所获得的满足和快乐，在他的脸上也会看到发自内心的微笑，这样的微笑才是最美的。

以上是中式铺床裁判组对本次大赛的总结和建议，不妥之处请各位专家老师批评指正。

第三节　专家点评

专家组组长点评

全国职业院校技能大赛中职组酒店服务赛项已经举办六年，在此特别感谢在教育部和旅游主管部门领导下的全国旅游教育教学指导委员会为全国的中职学校酒店服务与管理专业的师生搭建的大赛平台。办赛六年来，大赛不仅成就了一批获奖选手，他们目前都已经成为行业骨干；也培育了一批金牌教练，他们已经是该专业的教育教学的中坚力量；而且办赛六年来的成果转化与资源共享引领了全国酒店服务与管理专业教学专业化和规范化改革的进程。

今年，在"以赛促学、以赛促教、以赛促改"的办赛制度的指导下，以继承和创新发展为着力点，不断总结和优化赛项设计方案，紧密围绕中职酒店服务与管理专业人才培养目标的三个核心能力，即：①培养具有良好职业道德和职业素养的人才；②掌握酒店服务与管理专业相对应的岗位必备的专业知识与技能，能够适应现代酒店业和服务业的岗位需要；③培养具有可持续发展和终身学习能力的高素质劳动者和技术技能型人才，对赛项进行了整合与优化。

一、赛项设计的指导思想

通过大赛，切实发挥检验中职酒店服务与管理专业教学成果的作用，引领专业建设与教育教学改革。

二、在赛项方案中的具体体现

（1）良好的职业道德与素养：仪表仪容展示，包括：精神面貌，着装发型，微笑操作、服务，手势，走姿、站姿、蹲姿自然大方优雅等；卫生习惯与动作，例如净手、摆杯手法正确卫生、床品不得掉地等；理论及英语答题过程中的表现等。

赛项专家组组长冯明女士

（2）专业知识与技能：酒店服务与管理专业学生对应的岗位主要是客房和餐饮两大核心岗位，本次大赛首次将两项技能进行了兼项整合，即每位选手必须同时参加两个项目的竞技，综合得分决出名次，一方面符合教育部对技能大赛的总体要求，另一方面对指导学校专业教育教学改革起到了很好的引领作用。去年，工匠精神写入了政府工作报告，精益求精、精雕细琢、追求卓越的制造精神在赛项设计中有很好的体现。例如中式铺床、中餐宴会摆台的二点一线，相差一厘米即被扣2分的严苛评判，不仅仅是为了决出名次，更重要的是培养学生与指导老师对高品质追求的精神理念。

（3）可持续发展与终生学习能力：大赛经过了六年的打造，形成了相对科学和固定的操作程序与技能手法，这是成绩，同时也是缺陷，说明大赛倡导的创新意识在参赛师生中还未得到共鸣。可持续发展能力主要应体现在对管理思维与技术思维训练两个方面，如何增强指导老师在这方面的突破是本赛项在新一轮方案设计中应该融入的新元素。

第三部分

附 录

附录一 2017年全国职业院校技能大赛中职组酒店服务赛项规程

一、赛项名称

赛项编号：ZZ-2017032
赛项名称：酒店服务
英语翻译：Hotel Services
赛项组别：中职组
赛项归属产业：现代服务业

二、竞赛目的

本赛项旨在通过检验选手酒店专业操作技能的规范性和熟练性、酒店服务意识、现场问题的分析与处理能力、语言沟通表达能力、卫生安全操作意识及心理素质等全方面综合素质，反映国家（旅游）职业教育教学水平，引导中职院校关注现代酒店业发展趋势及对酒店人才的新需求，促进高星级饭店运营与管理等专业开展基于酒店实际工作过程导向的教学改革，深化产教融合、校企合作，实现通过赛事推动职业教育的专业设置与产业需求对接、课程内容与职业标准对接、教学过程与生产过程对接，提高酒店行业所需高素质技能型人才的培养质量，为我国酒店业培养输送专业技能人才。

三、竞赛内容

（一）竞赛内容的组成与比重

具体内容组成及比重如下：

一级指标	比例	二级指标	比例
现场实操	80%	中餐宴会摆台与服务（含仪容仪表展示）	40%
		客房中式铺床（含仪容仪表展示）	40%

续表

一级指标	比例	二级指标	比例
理论竞赛	20%	专业理论	10%
		专业英语	10%
总计		100%	

（二）理论竞赛的内容与时长

1. 专业理论测试（口试）：主要考察选手的专业理论综合分析及服务应对能力。每位选手须回答专业理论4道题，其中简答题、应变题各2道。时间为3分钟。

2. 专业英语测试（口试）：主要考察选手的对客服务英语口语表达能力，每位选手需回答情景对话5道题。时间为3分钟。

（三）现场实操的内容与时长

1. 仪容仪表：主要考察选手的仪容仪表是否符合酒店行业的基本要求及岗位要求。在现场操作比赛之前进行仪容仪表展示，展示时间不超过1分钟。

2. 现场操作：各参赛选手独立完成所有现场操作比赛内容。为贴近行业工作实际，着重考察选手技能标准掌握的准确性，尤其是基本技能与核心技能的熟练性、规范性、实用性、美观性。中餐宴会摆台与服务现场操作比赛时间18分钟，客房中式铺床现场操作比赛时间3分钟。

四、竞赛方式

1. 本赛项为个人赛，各参赛选手独立完成所有竞赛内容。同一学校报名人数不超过2人，每名选手限报1名指导教师。

2. 本赛项不邀请国际院校参赛，邀请澳大利亚、芬兰、德国等国际团队观摩。

五、竞赛流程

（一）比赛日程安排

日期	时间	事项
报到	8:00—19:30	参赛选手及领队、指导教师报到
	19:30—21:30	领队会议
	19:30—21:30	赛场体验

续表

日期	时间	事项
第一天	8:00—8:30	开赛式
	9:00—12:00	选手比赛
	13:00—19:00	选手比赛
第二天	9:00—12:00	选手比赛
	13:00—19:00	选手比赛
返程	9:30—10:30	专业建设风采演示
	10:30—11:30	闭赛式
	12:00后	退房、返程

（二）比赛流程

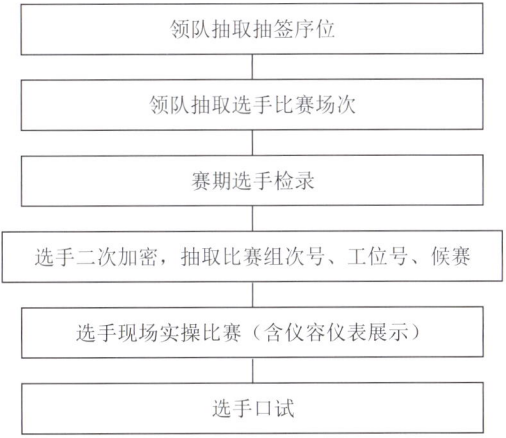

（三）比赛场次安排（以36支代表队、108名选手为例）

1. 中餐宴会摆台与服务

日期	场次	选手	参赛小组数量	赛位/组
第一天	1	C1—C18号	3个组（第1—3组）	6个；备用6个
	2	C19—C36号	3个组（第4—6组）	
	3	C37—C54号	3个组（第7—9组）	
第二天	4	C55—C72号	3个组（第10—12组）	
	5	C73—C90号	3个组（第13—15组）	
	6	C91—C108号	3个组（第16—18组）	

2. 客房中式铺床

日期	场次	选手	参赛小组数量	赛位/组
第一天	1	K1—K9号	3个组（第1—3组）	3个
	2	K10—K18号	3个组（第4—6组）	
	3	K19—K27号	3个组（第7—9组）	
	4	K28—K36号	3个组（第10—12组）	
	5	K37—K45号	3个组（第13—15组）	
	6	K46—K54号	3个组（第16—18组）	
第二天	7	K55—K63号	3个组（第19—21组）	
	8	K64—K72号	3个组（第22—24组）	
	9	K73—K81号	3个组（第25—27组）	
	10	K82—K90号	3个组（第28—30组）	
	11	K91—K99号	3个组（第31—33组）	
	12	K100—K108号	3个组（第34—36组）	

六、竞赛试题

此赛项的竞赛试题内容由分赛项的专业理论和专业英语两部分组成，试题为公开试题。执行全国旅游职业教育教学指导委员会编制的高星级饭店运营与管理专业人才培养方案中的专业教学要求；人力资源和社会保障部制定的餐厅服务员（四级）、客房服务员（四级）职业资格标准。专业理论和专业英语测试评分说明已在本赛项竞赛规则中公开。本赛项建立题库，赛前一个月在大赛官网上公开。

1. 题库数量和类型

项目	专业理论		专业英语
题型	简答题	应变题	情景应答
数量	60	60	100

2. 专业知识口试部分样题

（1）简答题

宴会预订业务的程序是什么？

答：①做好预订前的准备工作；

②做好宴会预订受理工作；

③填写宴会预订单、处理预订资料；

④编制宴会预算；

⑤签发宴会预订确认书。

（2）应变题

上菜时发现桌面不够摆放怎么办？

答：①整理台面，留出空间；

②撤掉空盘；

③征得客人同意后合并同类菜或帮助分派；

④将剩的不多的菜换小盘；

⑤切忌菜盘重叠摆放。

3. 英语口试部分样题

Q: What will you do when the guest tells you that there's something wrong with the bill?

A: I will check it with the guest carefully. If there is a mistake, I should make an apology to the guest and then bring the bill back to the cashier's desk to correct it.

七、竞赛规则

（一）报名资格

1. 各省份（含各省、自治区、直辖市，新疆生产建设兵团、各计划单列市）教育行政部门经选拔和资格审查，选送符合条件的优秀学生报名参加本赛项比赛。

2. 同一学校报名人数不超过2人。

3. 参赛选手须为全日制正式学籍的中职在校学生，或五年制高职一至三年级（含三年级）的学生。

4. 参赛选手年龄须不超过21周岁（即1996年5月1日及以后出生）。

5. 凡在往届全国职业院校技能大赛中职组酒店服务赛项中获一等奖的选手，不再参加本项目的竞赛。

6. 参赛选手所学专业须为中职高星级饭店运营与管理专业、旅游服务与管理专业、旅游外语专业等现代服务业类专业。

（二）报名要求

参赛选手和指导教师报名获得确认后不得随意更换。如备赛过程中参赛选手和指导教师因故无法参赛，须由省级教育行政部门于相应赛项开赛7个工作日之前出具书面说明，经大赛执委会办公室核实后予以更换。竞赛开始后，参赛队不得更换参赛队员，允许队员缺席比赛。

(三)中餐宴会摆台与服务现场操作规则

1. 按中餐正式宴会摆台与服务（10人位），根据组委会统一提供设备物品进行操作与服务。

2. 操作时间18分钟（比赛结束前3分钟两遍提醒选手"离比赛结束还有3分钟"；提前完成不加分，每超过30秒扣总分2分，不足30秒按30秒计算，以此类推；超时2分钟不予继续比赛，裁判根据选手完成部分进行评判计分）。

3. 选手必须佩戴参赛证提前接受检录，然后佩戴参赛号牌进入比赛场地，在指定区域按组别向裁判进行仪容仪表展示，时间1分钟。

4. 裁判员统一口令"开始准备"进行准备，准备时间3分钟。准备就绪后，选手面向裁判员，站在工作台前、主人位后侧，举手示意。

5. 选手在裁判员宣布"比赛开始"后开始操作。

6. 比赛开始时，选手站在主人位后侧。比赛中所有操作与服务必须按顺时针方向进行。

7. 所有操作与服务结束后，选手应回到工作台前，举手示意"比赛完毕"。

8. 除台布、装饰布、花盆和桌号牌可徒手操作外，其他物品均须使用托盘操作。

9. 餐巾准备无任何折痕；餐巾折花花型不限，但须突出正、副主人位花型，整体挺括、和谐、美观。

10. 比赛中允许使用托盘垫。

11. 在拉椅让座之前（铺装饰布、台布时除外），餐椅保持"三三二二"对称摆放，椅面1/2塞进桌面。铺装饰布、台布时，拉开主人位餐椅。铺完装饰布、台布后将餐椅归位。

12. 物品落地每件扣3分，物品碰倒每件扣2分；物品遗漏每件扣1分。逆时针操作扣1分/次。

13. 中餐宴会摆台与服务标准

（1）摆台的基本要求：餐具图案对正，距离均匀、整齐、美观、清洁大方，为宾客提供一个舒适的就餐位置和一套必需的就餐餐具。

（2）摆台的顺序和标准：

①铺装饰布、台布：拉开主人位餐椅，在主人位铺装饰布、台布；装饰布平铺在餐桌上，正面朝上，台面平整，下垂均等；台布铺在装饰布上，正面朝上；定位准确，中心线凸缝向上，且对准正副主人位；台面平整；台布四周下垂均等。

②餐碟定位：从主人位开始一次性定位摆放餐碟，餐碟边沿距桌边1.5厘米；每个

餐碟之间的间隔要相等；相对的餐碟与餐桌中心点三点成一直线；操作要轻松、规范、手法卫生。

③摆放汤碗、汤勺和味碟：汤碗摆放在餐碟左上方 1 厘米处，汤勺放置于汤碗中，勺把朝左，与餐碟平行，味碟摆放在餐碟右上方。汤碗与味碟之间距离的中点对准餐碟的中点，汤碗分别与味碟、餐碟间相距 1 厘米。

④摆放筷架、席面更、牙签、筷子：筷架摆在餐碟右边，其横中线与汤碗、味碟横中线在同一条直线上；筷架左侧纵向延长线与餐碟右侧相切。席面更、筷子搁摆在筷架上，筷子与对座餐碟中心线平行，筷尾的右下角距桌沿 1.5 厘米，筷套正面朝上；牙签位于席面更和筷子之间，牙签套正面朝上，底部与席面更齐平。

⑤摆放葡萄酒杯、白酒杯、水杯：葡萄酒杯摆放在餐碟正上方（汤碗与味碟之间距离的中点线上）；白酒杯摆在葡萄酒杯的右侧，水杯位于葡萄酒杯左侧，杯肚间隔 1 厘米，三杯杯底中点连线呈一直线，该直线与相对两个餐碟的中点连线垂直；水杯待餐巾花折好后一起摆上桌，杯花底部应整齐、美观，落杯不超过 2/3 处，水杯肚距离汤碗边 1 厘米；摆杯手法正确（手拿杯柄或中下部）、卫生。

⑥折餐巾花：折十种不同造型杯花，每种餐巾花三种以上技法；花型突出正、副主人位；有头尾的动物造型应头朝右，主人位除外；巾花观赏面向客人，主人位除外；巾花挺拔、造型美观、款式新颖；操作手法卫生，不用口咬、下巴按、筷子穿；手不触及杯口及杯的上部。

⑦摆放公用餐具：公用筷架摆放在主人和副主人餐位水杯正上方，距水杯肚下沿切点 3 厘米，公勺、公筷置于公用筷架之上，勺柄、筷子尾端朝右。

⑧上花盆、桌号牌和菜单（2 个）：花盆摆在台面正中；桌号牌摆放在花盆正前方、面对副主人位；菜单摆放在正副主人的筷子架右侧，位置一致，菜单右尾端距离桌边 1.5 厘米。

⑨拉椅让座：先拉第一主宾（主人位右侧第 1 位）、第二主宾（主人位左侧第 1 位）、主人位，然后按顺时针方向逐一定位，示意让座；座位中心与餐碟中心对齐，餐椅之间距离均等，餐椅座面边缘距台布下垂部分 1 厘米；让座手势正确，体现礼貌。

⑩托盘斟酒：将斟倒酒水装盘，从第一主宾位开始，连续五个餐位，每个餐位换瓶斟酒，先葡萄酒后白酒共十杯；左手托盘，右手持瓶斟酒，酒标朝向客人，斟酒时瓶口不碰杯口；斟酒量均匀，葡萄酒二分之一杯、白酒三分之二杯，斟倒时做到不滴不洒；服务操作时托盘展开，姿势正确、保持平衡、位置合理。

（3）台布、装饰布的折叠方法：反面朝里，沿凸线长边对折两次，再沿短边对折两次。

（4）酒水准备：比赛斟酒所用葡萄酒为食用葡萄汁和水兑制而成，比赛斟酒所用白酒用水代替。葡萄酒杯和白酒杯每批次撤换一套；每位选手配一瓶比赛用葡萄酒和一瓶比赛用白酒。

14. 所有比赛用品均由承办方提供，选手不得自带比赛用品参加比赛。

（四）客房中式铺床现场操作规则

1. 按客房中式铺床流程，根据组委会统一提供设备物品进行操作。

2. 操作时间3分钟（其中中式铺床时间3分钟，提前完成不加分，每超过10秒扣2分，不足10秒按10秒计算，超过1分钟不予继续比赛，裁判根据选手完成部分进行评判计分）。

3. 选手必须佩戴参赛证提前接受检录，然后佩戴参赛号牌进入比赛场地，在指定区域按组别向裁判进行仪容仪表展示，时间1分钟。

4. 裁判员统一口令"开始准备"后进行准备，准备时间2分钟。准备就绪后，选手站在工作台前、床尾后侧，举手示意。

5. 选手在裁判员宣布"比赛开始"后开始操作。

6. 操作结束后，选手立于工作台前，举手示意"比赛完毕"。

7. 比赛用床架不带床头板，不设床头柜，床头柜位置赛场指定，靠近裁判一头为床头。

8. 操作过程中，选手不能跑动、绕床头、跪床或手臂撑床，每违例一次扣2分。

9. 中式铺床程序和标准

（1）整理床垫（准备工作时）：位置正确、平整、四边平齐，床垫无污迹、无毛发、无破损，床垫拉正对齐。

（2）抛铺床单：开单、抛单、打单定位一次成功；床单中线居中，不偏离中线；床单正面朝上，表面平整光滑；包角紧密垂直且平整，式样统一；四边掖边紧密且平整。

（3）套被套：站在床尾，一次性抛开被套，平铺于床上；被套口向床尾打开；羽绒被芯放置于床尾，被芯长宽方向与被套一致；将被芯两角一次性套入被套内，被芯头部塞入被套顶部并填实，抖开被芯，四角定位，被芯与被套两边的空隙均匀；抛开羽绒被，被头拉到与床垫的床头部位齐平，一次定位成功；被头朝床尾方向反折45厘米。被套中线居中，不偏离床中线；羽绒被在被套内四角到位，饱满、平展，羽绒被在被套内两侧两头平整，被套表面平整光滑，被套口平整且要收口，被芯、绑绳不外露。

（4）套枕套：将枕芯平放在工作台上，撑开枕套口，将枕芯往里套；抓住枕套口，边提边抖动，使枕芯全部进入枕套里面；将超出枕芯部分的枕套掖好，枕套开口包好不外露，并把枕套口封好；套好的枕头须四角饱满、平整，且枕芯不外露。

（5）放枕头：枕头放置于床头中央，枕头边与床头边平行，枕头开口朝下并反向床头柜，放好的枕头距床两侧距离均等，整个枕头表面平整、光滑、无皱折，枕套中线与床单中线在一条线上。

（6）外观：床铺整齐美观，整张床面挺括，三线对齐。

（7）总体印象：竞赛中，选手操作规范、自如，轻松紧凑，动作优美，技术娴熟，不能跑动、绕床头、跪床或手臂撑床，不重复。

10. 其他相关说明

（1）床单和被套叠法：正面朝里，沿长边对折两次，再单边朝里沿宽边对折两次。被芯折叠法：沿长边S形折叠，再两头向中间折，然后对折。

（2）选手不可在床头操作，其余位置不限。

（3）床架（含脚）+床垫高度为49厘米（误差1厘米）。

（4）所有比赛用品均由承办方提供，选手不得自带比赛用品参加比赛。

（五）仪容仪表要求

1. 精神面貌佳，着装、发型等符合职业要求。

A. 头发要求

男士：后不盖领，侧不盖耳；干净、整齐，着色自然，发型美观大方。

女士：后不过肩，前不盖眼；干净、整齐，着色自然，发型美观大方。

B. 面部要求

男士：不留胡须及长鬓角。

女士：淡妆。

C. 手及指甲要求：干净；指甲修剪整齐，不涂有色指甲油。

D. 服装要求：符合岗位要求，整齐干净；无破损、无丢扣；熨烫挺括。

E. 鞋要求：符合岗位要求的黑颜色皮鞋（中式铺床选手可为布鞋）；干净整洁，擦拭光亮，无破损。

F. 袜子要求：男深色，女浅色；干净，无褶皱，无破损。

G. 首饰及徽章要求：选手号牌佩戴规范，不佩戴过于醒目的饰物。

2. 举止自然、大方、优雅。

3. 注重礼节礼貌，面带微笑。

（六）专业理论和专业英语测试规则

1. 比赛形式

专业理论和专业英语测试采用问答的形式。每位选手考试时间约为专业理论和专业英语各3分钟。每位选手须回答专业理论4道题，其中简答题、应变题各2道。每位选手须回答专业英语5道题，即情景对话5道。

2. 评分说明

（1）专业理论测试评分说明

8—10分：答案内容完整、准确、无错漏，语言表达精练、用词准确，语句通顺，反应敏捷，普通话发音准确，语音清晰，讲话速度与节奏恰到好处，音量适中。

6—8分：答案内容基本完整，语言表达基本正确，语音语调尚可，较熟悉专业知识，对不同情景有一定的应变能力。

4—6分：答案内容有错漏，语言表达有错误，发音有缺陷，但不严重影响交际，对不同情景应变能力较差。

4分以下：答案内容有错漏，语言表达停顿较多，严重影响交际，应变能力差。

（2）专业英语测试评分说明

8—10分：语法正确，词汇丰富，语音语调标准，熟练、流利地掌握岗位英语，对不同语境有较强反应能力，有较强的英语交流能力。

6—8分：语法与词汇基本正确，语音语调尚可，允许有个别母语口音，较熟悉岗位英语，对不同语境有一定的适应能力，有一定的英语交流能力。

4—6分：语法与词汇有错误，发音有缺陷，但不严重影响交际。对岗位英语有一定了解，对不同语境的应变能力较差。

4分以下：语法与词汇有较多错误，停顿较多，严重影响交际。岗位英语掌握不佳，不能适应语境的变化。

（七）成绩公布

赛项由裁判员现场评分，将成绩登录在竞赛成绩单上并签字，经裁判长审核并签字确认，在成绩公布区发布成绩。参赛代表队若对赛事有异议，可由领队按规程向大赛仲裁工作组提出申请复核。

八、竞赛环境

（一）中餐宴会摆台与服务操作区

根据中餐宴会摆台与服务流程要求，将宴会厅布置为赛场，在 1200 平方米的空间共设 12 个比赛区，每组比赛使用 6 个比赛区。每个比赛区面积约 50 平方米。按照直线形布置比赛设备，包括圆餐桌、餐椅、工作台等，工作台与餐桌沿相距 1.4 米，并与其他比赛区域隔离；仪容仪表展示区设在距裁判席约 2 米的指定区域；现场保证良好的采光、照明和通风，必要时设置抽风装置；地板需铺地毯或为防滑地板；提供稳定水、电供应和供电应急设备；配备多媒体设备（含投影仪）一套；为每位参赛选手提供一整套专业用具与用品。比赛现场设置专门的观摩区，供各参赛队领队、教练现场观摩。

竞赛软件平台：自动抽题系统 1 个。

（二）客房中式铺床操作区

根据客房中式铺床流程要求，将宴会厅布置为赛场，在 500 平方米的空间共设 3 个比赛区，每个比赛区面积约 60 平方米。按照直线形布置比赛设备，包括床及床垫、工作台等，工作台与床相距 1.4 米，并与其他比赛区域隔离；仪容仪表展示区设在距裁判席约 2 米的指定区域；现场保证良好的采光、照明和通风，必要时设置抽风装置；地板需铺地毯或为防滑地板；提供稳定水、电供应和供电应急设备；配备多媒体设备（含投影仪）一套；为每位参赛选手提供全套铺床用品。比赛现场设置专门的观摩区，供各参赛队领队、教练现场观摩。

竞赛软件平台：自动抽题系统 1 个。

（三）裁判区域

指定裁判工作场地，酒店服务赛项向每个裁判位提供一台计算器供裁判使用。另设成绩统计区。

（四）其他功能区域

在指定场地，设观摩展示区、媒体区、休息区、服务保障区、咨询区、申诉区等区域。另设成绩公布区，配备相应的电脑和投影设备。

九、技术规范

1. 执行全国旅游职业教育教学指导委员会编制的高星级饭店运营与管理专业人才培养方案中的专业教学要求；

2. 执行人力资源和社会保障部制定的餐厅服务员（四级）、客房服务员（四级）职业资格标准。

十、技术平台

（一）酒店服务（中餐宴会摆台与服务）

1. 应用软件（自动抽题系统）：1套

2. 电脑：1台

3. 投影仪：1台

4. 液晶计时器：1台

5. 摄录设备：6台

6. 选手操作用设施设备清单（以1名选手计）

序号	名称	规格	质地	数量
1	中餐圆形餐台	高度75厘米、直径180厘米		1张
2	工作台	100厘米×200厘米，高74厘米		1张
3	餐椅	椅面40厘米×40厘米，高91.5厘米		10把
4	防滑圆托盘（含托盘垫）	外径35.5厘米、内径32厘米，误差0.5厘米		2个
5	台布及装饰布	台布：正方形，240厘米×240厘米，70%棉、30%化纤，1000克装饰布：圆形，直径320厘米，材质约30%的棉、70%的化纤，1550克		1套
6	餐巾（口布）	56厘米×56厘米；70克	纯棉	10条
7	花盆	外径17.5厘米、内径16.5厘米，底径13.5厘米，盆高7.5厘米	瓷器	1个
8	餐碟（骨碟）	外径20.3厘米、内径12.5厘米	瓷器	10个
9	汤碗（翅碗）	碗口直径11.3厘米，底部直径5厘米，高4厘米	瓷器	10个
10	味碟	碟口7.3厘米，底部4厘米，高1.8厘米	瓷器	10个
11	汤勺	长13.7厘米，宽3.8厘米	瓷器	10个
12	筷架	长7.3厘米，底部长7.7厘米；宽2.8厘米，底部宽3.1厘米；高1.3厘米；勺子位长5厘米，圆形凹口位3厘米；筷子位顶部2.2厘米，凹位1.3厘米，高度1.6厘米	瓷器	10个

续表

序号	名称	规格	质地	数量
13	筷子	长24.5厘米，筷子头直径0.4厘米；带筷套：长29.5厘米，宽3厘米		10双
14	席面更（长柄勺）	全长20.4厘米，勺子长6.4厘米，直径4.3厘米	不锈钢	10个
15	水杯（414ml）	杯口外径6.5厘米，杯口内径6.1厘米，内高13.5厘米，外高18.7厘米，杯底直径6.7厘米，厚0.4厘米	玻璃器	10个
16	葡萄酒杯（14cl）	杯口外径5.8厘米，杯口内径5.5厘米，内高6.9厘米，外高14厘米，杯底直径5.7厘米，厚0.2厘米	玻璃器	10个
17	白酒杯（2.6cl）	杯口外径3.7厘米，杯口内径3.4厘米，内高3.3厘米，外高8.9厘米，杯底直径4.1厘米，厚0.2厘米	玻璃器	10个
18	牙签	长8.3厘米，宽1.5厘米		10套
19	菜单	长18.5厘米，外宽12.5厘米，内宽10.5厘米，厚1.7厘米		2个
20	桌号牌	底座长10厘米，宽4.5厘米，高8.1厘米，底座厚度0.8厘米		1个
21	公用餐具（公筷架、筷子、公勺）	公筷架全长9.5厘米，底座长5.9厘米，宽1.2厘米，勺座直径2.5厘米，筷座长3.5厘米，宽1.2厘米		2套
22	折叠餐巾花专用大盘	直径40厘米	瓷器	1个
23	服务巾（斟酒用）	边长48厘米	棉质	1条
24	酒瓶	葡萄酒瓶：墨绿色750ml 高：32厘米 瓶身直径：7.3厘米 口径（外）：2.7厘米 口径（内）：1.9厘米 白酒瓶：透明色500ml高：26.5厘米 瓶身直径：6.6厘米 口径（外）：2.75厘米 口径（内）：1.75厘米	玻璃	2个

7. 裁判用具清单

序号	量具名称	数量
1	米直尺	2把
2	软卷尺3米	2个
3	小三角尺	2把

（二）酒店服务（客房中式铺床）

1. 应用软件（自动抽题系统）：1套
2. 电脑：1台

3. 投影仪：1台

4. 液晶计时器：1台

5. 摄录设备：3台

6. 选手操作用设施设备清单（以1名选手计）

序号	名称	规格	质地	数量	备注
1	床垫	200厘米×120厘米，高22厘米		1张	误差0.5厘米
2	床架	床架高20厘米+床脚7厘米		1个	误差0.5厘米
3	工作台	100厘米×200厘米×75厘米		1个	
4	床单	280厘米×200厘米（缩水前：288厘米×206厘米）	100%精梳棉高支高密80支纱/400针，丝光全工艺白色贡缎纹，两头2.5厘米折边，两侧1厘米折边	1张	
5	被套	235厘米×185厘米×5厘米（缩水前：242厘米×190厘米×5厘米）	100%精梳棉高支高密80支纱/400针，丝光全工艺白色贡缎纹，三边5厘米法式飞边	1张	底部中半开口，系带方式，2组，距两端45厘米
6	被芯	230厘米×180厘米		1床	内充1.5千克羽绒棉，含填充物总重量2.6千克
7	枕芯	75厘米×45厘米		2个	内充羽绒棉，含填充物总重量1.35千克
8	枕套	48厘米×78厘米+15厘米×5厘米	100%精梳棉高支高密80支纱/400针，丝光全工艺白色贡缎纹，四边5厘米法式飞边，于背面距离边缘15厘米为枕套开口	2个	

7. 裁判用具清单

序号	量具名称	数量
1	米直尺	2把
2	软卷尺3米	2把
3	1.2米丁字尺	2把

（三）专业理论和专业英语口试

1. 应用软件（自动抽题系统）：1套

2. 电脑：1台

3. 投影仪：1台

4. 摄录设备：1台

以上设备设施及用品由组委会统一提供,并将根据专家组要求,提前1个月在赛项说明会上予以公布。

十一、成绩评定

(一)评分标准

1. 中餐宴会摆台与服务现场操作比赛评分标准(80分,占40%)

项目	操作程序及标准	分值	扣分	得分
仪表仪容(5分)	精神面貌佳,着装、发型等符合职业要求	1		
	注重礼节礼貌,微笑操作、服务	2		
	手势、走姿、站姿、蹲姿自然、大方、优雅	2		
装饰布及台布(6分)	可采用抖铺式、推拉式或撒网式铺设装饰布、台布,要求一次完成,两次扣0.5分,三次及以上不得分	2		
	拉开主人位餐椅,在主人位铺装饰布、台布	1		
	装饰布平铺在餐桌上,正面朝上,台面平整,下垂均等	1		
	台布正面朝上,铺在装饰布上;定位准确,中心线凸缝向上,且对准正副主人位;台面平整;台布四周下垂均等	2		
餐碟定位(10分)	从主人位开始一次性定位摆放餐碟,餐碟间距离均等,与相对餐碟、餐桌中心点三点一线	7		
	餐碟边距桌沿1.5厘米	2		
	拿碟手法正确(手拿餐碟边缘部分)、卫生、无碰撞	1		
汤碗、汤勺、味碟(5分)	汤碗摆放在餐碟左上方1厘米处,味碟摆放在餐碟右上方,汤勺放置于汤碗中,勺把朝左,与餐碟平行	3		
	汤碗与味碟之间距离的中点对准餐碟的中点,汤碗分别与味碟、餐碟间相距1厘米	2		
筷架、席面更、牙签、筷子(6分)	筷架摆在餐碟右边,其横中线与汤碗、味碟横中线在同一条直线上。筷架左侧纵向延长线与餐碟右侧相切	1		
	席面更、筷子搁摆在筷架上,筷子与对座餐碟中心线平行,筷尾的右下角距桌沿1.5厘米	3		
	筷套正面朝上	1		
	牙签位于席面更和筷子之间,牙签套正面朝上,底部与席面更齐平	1		
葡萄酒杯、白酒杯、水杯(8分)	葡萄酒杯在餐碟正上方(汤碗与味碟之间距离的中点线上)	1		
	白酒杯摆在葡萄酒杯的右侧,水杯位于葡萄酒杯左侧,杯肚间隔1厘米,三杯杯底中点与水平成一直线。水杯待杯花折好后一起摆上桌,杯花底部应整齐、美观,落杯不超过2/3处	5		
	摆杯手法正确(手拿杯柄或中下部)、卫生	2		

续表

项目	操作程序及标准	分值	扣分	得分
餐巾折花（15分）	花型突出正、副主人位，整体协调	1		
	有头、尾的动物造型应头朝右（主人位除外）	1		
	巾花观赏面向客人（主人位除外）	1		
	巾花种类丰富、款式新颖	3		
	巾花挺拔、造型美观、花型逼真	3		
	操作手法卫生，不用口咬、下巴按、筷子穿	1		
	折叠手法正确、一次性成形。杯花折好后放于水杯中一起摆上桌	4		
	手不触及杯口及杯的上部	1		
公用餐具（2分）	公用筷架摆放在主人和副主人餐位水杯正上方，距水杯杯肚下沿切点3厘米。先摆放杯花，再摆放公用餐具	1		
	先勺后筷顺序将公勺、公筷搁摆于公用筷架之上，勺柄、筷子尾端朝右	1		
花盆和桌号牌、菜单（2分）	花盆摆在台面正中。桌号牌摆放在花盆正前方、面对副主人位	1		
	菜单摆放在正副主人的筷子架右侧，位置一致，菜单右尾端距离桌边1.5厘米	1		
拉椅让座（3分）	拉椅：从第一主宾位开始，座位中心与餐碟中心对齐，餐椅之间距离均等，餐椅座面边缘距台布下垂部分1厘米	2		
	让座：手势正确，体现礼貌	1		
托盘斟酒（10分）	将斟倒酒水装盘，从第一主宾位开始，连续五个餐位，每个餐位换瓶斟酒。顺时针方向前行，客人右侧斟酒，先葡萄酒后白酒共十杯	2		
	左手托盘，右手持瓶斟酒，酒标朝向客人，斟酒时瓶口不碰杯口	2		
	斟酒量均匀，葡萄酒二分之一杯、白酒三分之二杯，斟倒时做到不滴不洒	4		
	服务操作时托盘展开，姿势正确、保持平衡、位置合理	2		
托盘（2分）	用左手胸前托法将托盘托起，托盘位置高于选手腰部，姿势正确	1		
	托送自如、灵活	1		
综合印象（6分）	台面摆台整体美观、便于使用、具有艺术美感	2		
	操作过程中动作规范、娴熟、敏捷、声轻，姿态优美，能体现岗位气质	4		
合计		80		
操作时间： 分 秒 超时： 秒 扣分： 分				
物品落地、物品碰倒、物品遗漏 件 扣分： 分				
实际得分				

2. 客房中式铺床现场操作比赛评分标准（80分，占40%）

项目	操作程序及标准	分值	扣分	得分
仪表仪容（5分）	精神面貌佳，着装、发型等符合职业要求	1		
	注重礼节礼貌、微笑操作、服务	2		
	手势、走姿、站姿、蹲姿自然、大方、优雅	2		
床单（19分）	开单一次成功（两次扣1分，三次及以上不得分）	2		
	抛单一次成功（两次及以上不得分）	1		
	打单定位一次成功（两次扣1分，三次及以上不得分）	2		
	床单中线居中，不偏离床中线（偏离床中线1厘米以内不扣分，1~2厘米扣1分，2~3厘米扣2分，3厘米以上不得分）	3		
	床单正反面准确（毛边向下，抛反不得分）	1		
	床单表面平整光滑（每条水波纹扣1分）	2		
	包角紧密垂直且平整，式样统一（90度）	4		
	四边掖边紧密且平整（每条水波纹扣1分）	4		
被套（6分）	一次抛开（两次扣2分，三次及以上不得分）、平整光滑	4		
	被套正反面准确（抛反不得分）	1		
	被套开口在床尾（方向错不得分）	1		
羽绒被（27分）	羽绒被放于床尾，羽绒被长宽方向与被套一致	1		
	抓住羽绒被两角一次性套入被套内，抖开被芯，操作规范、利落（两次扣2分，三次及以上不得分）	5		
	抓住床尾两角抖开羽绒被并一次抛开定位（两次扣2分，三次及以上不得分）	3		
	被子与床头平齐（以羽绒被翻折处至床头距离45厘米为评判标准，相差1厘米之内不扣分，1~2厘米扣1分，2~3厘米扣2分，3厘米以上不得分）	3		
	被套中线居中，不偏离床中线（偏离床中线1厘米以内不扣分，1~2厘米扣1分，2~3厘米扣2分，3厘米以上不得分）	3		
	羽绒被在被套内四角到位，饱满、平展	2		
	羽绒被在被套内两侧两头平整（一侧一头不平整扣1分）	2		
	被套口平整且要收口，羽绒被不外露（未收口扣1分）	2		
	被套表面平整光滑（每条水波纹扣1分）	3		
	羽绒被在床头翻折45厘米（每相差2厘米扣1分，不足2厘米不扣分）	3		
枕头（2个）（11分）	四角到位，饱满挺括	4		
	枕头开口朝下并反向床头柜	1		
	枕头边与床头边平行	1		
	枕头中线与床中线对齐（偏离床中线1厘米以内不扣分，1~2厘米扣1分，2厘米以上不得分）	2		
	枕套沿无折皱，表面平整，自然下垂	3		

续表

项目	操作程序及标准	分值	扣分	得分
总体效果（6分）	三线对齐	3		
	平整美观	3		
综合印象（6分）	无床品掉地等失误现象	2		
	操作过程规范、动作娴熟、敏捷、姿态优美，体现岗位气质	4		
合计		80		
	操作时间：　　分　　秒　　　　超时：　　秒　扣分：　　分			
	选手跑动、跪床、撑床　次：　　　　　　扣分：　　分			
	实际得分			

3. 专业理论口试评分标准（10分，占10%）

	项目	10分	答案要点	清楚流利	反应敏捷	语音语调	标准时间	实际用时	扣分合计	得分合计
专业理论	简答题	5	2	1	1	1	3分钟			
	应变题	5	2	1	1	1				
	合计（满分10分）									
裁判签名：										

4. 专业外语口试评分标准（10分，占10%）

	项目	10分	语法词汇	反应敏捷	语音语调	语境应变	标准时间	实际用时	扣分合计	得分合计
外语水平	情景对话	10	3	2	3	2	3分钟			
	合计（满分10分）									
裁判签名：										

（二）评分方法

1. 裁判组成

（1）裁判员选聘：按照《全国职业院校技能大赛制度汇编》中规定的要求建立全国职业院校技能大赛赛项裁判库，由全国职业院校技能大赛执委会在赛项裁判库中抽定赛项裁判人员。裁判长由赛项执委会向大赛执委会推荐，由大赛执委会聘任。

（2）裁判员组成：具体见裁判组成表。赛前裁判员培训评判打分标准并实境模拟打分；比赛时每位裁判根据各项评分标准和选手实际完成情况进行独立评判，严禁讨论；每组比赛结束后，要求用红笔打分，并在评分表上签名；如需修改，须本人签名确认。

裁判组成表

类别		数量	备注
总裁判长		1名	
评分裁判	现场操作裁判（中餐宴会摆台与服务）	5名	
	现场操作裁判(客房中式铺床)	5名	
	专业理论口试裁判	3名	
	专业英语口试裁判	3名	
加密裁判		4名	
裁判总人数		21名	

2. 成绩产生方法

（1）赛项总分为100分，其中现场操作（含仪容仪表展示）80分，专业理论和专业英语口试各10分。

（2）现场操作（含仪容仪表展示）部分计分方法：从五位裁判的评分中，去掉一个最高分，去掉一个最低分，最后算出每位选手的平均分，作为该选手现场操作得分和仪容仪表得分。专业理论和专业英语口试部分计分方法：从三位裁判所给的分数中直接算出平均分，作为该选手口试得分。

（3）选手的最终成绩：现场操作得分（含仪容仪表得分）+专业理论口试+专业英语口试得分的总和。

3. 成绩审核及发布

选手分组进行比赛，每组选手单项成绩出来以后，由裁判长审核并签名，在成绩公布区发布成绩。竞赛名次按照得分高低进行排序。当总分相等时，将按照现场操作得分（含仪容仪表得分）→专业理论口试→专业英语口试得分排序；当现场操作得分、口试得分均一致时，操作用时最短者为优。比赛只设个人成绩，不计算团体成绩。

为保障成绩评判的准确性，监督组将对赛项总成绩排名前30%的所有参赛队伍（选手）的成绩进行复核；对其余成绩进行抽检复核，抽检覆盖率不得低于15%。如发现成绩错误以书面方式及时告知裁判长，由裁判长更正成绩并签字确认。复核、抽检错误率超过5%的，裁判组将对所有成绩进行复核。赛项最终成绩经复核无误，由裁判长、监督人员和仲裁人员签字确认后公布。

十二、奖项设定

1.本赛项奖项只设个人奖，以赛项实际参赛选手总数为基数，一等奖占比10%，二等奖占比 20%，三等奖占比 30%，小数点后四舍五入。

2. 获得一等奖的指导教师由组委会颁发优秀指导教师证书。

十三、赛项安全

赛项安全是技能竞赛一切工作顺利开展的先决条件，是赛事筹备和运行工作必须考虑的核心问题。赛项执委会采取切实有效措施保证大赛期间参赛选手、指导教师、裁判员、工作人员及观众的人身安全。

（一）比赛环境

1. 赛项执委会须在赛前组织专人对比赛现场、食宿场所和交通保障进行考察，并对安全工作提出明确要求。赛场的布置，赛场内的器材、设备，应符合国家有关安全规定。如有必要，也可进行赛场仿真模拟测试，以发现可能出现的问题。承办单位赛前须按照执委会要求排除安全隐患。

2. 赛场周围要设立警戒线，防止无关人员进入扰乱赛场秩序或发生意外事件。比赛现场内应参照相关职业岗位的要求为选手提供必要的劳动保护。在具有危险性的操作环节，裁判员要严防选手出现错误操作。

3. 承办单位应提供保证应急预案实施的条件。对于比赛内容涉及可能有坠物、大用电量、易发生火灾的情况，必须明确制度和预案，并配备急救人员与设施。

4. 赛项执委会须会同承办单位制订开放赛场和体验区的人员疏导方案。赛场环境中存在人员密集、车流人流交错的区域，除了设置齐全的指示标志外，须增加引导人员，并开辟备用通道。

5. 大赛期间，承办单位须在赛场管理的关键岗位增加力量，建立安全管理日志。

6. 参赛选手进入赛位、赛事裁判工作人员进入工作场所，严禁携带通信、照相摄录设备，禁止携带记录用具。如确有需要，由赛场统一配置、统一管理。赛项可根据需要配置安检设备对进入赛场重要部位的人员进行安检。

（二）生活条件

1. 比赛期间，原则上由执委会统一安排参赛选手和指导教师食宿。承办单位须尊重少数民族的信仰及文化，根据国家相关的民族政策，安排好少数民族选手和教师的饮食起居。

2. 比赛期间安排的住宿地应具有宾馆/住宿经营许可资质。大赛期间的住宿、卫生、饮食安全等由执委会和承办学校共同负责。

3. 大赛期间有组织的参观和观摩活动的交通安全由执委会负责。执委会和承办单位须保证比赛期间选手、指导教师、领队、裁判员、专家、工作人员的交通安全。

4. 各赛项的安全管理，除了可以采取必要的安全隔离措施外，应严格遵守国家相关法律法规，保护个人隐私和人身自由。

（三）组队责任

1. 各学校组织代表队时，须安排为参赛选手购买大赛期间的人身意外伤害保险。

2. 各学校代表队组成后，须制定相关管理制度，并对所有选手、指导教师进行安全教育。

3. 各参赛队伍须加强对参与比赛人员的安全管理，实现与赛场安全管理的对接。

（四）应急处理

比赛期间发生意外事故，发现者应第一时间报告执委会，同时采取措施避免事态扩大。执委会应立即启动预案予以解决并报告组委会。赛项出现重大安全问题可以停赛，是否停赛由执委会决定。事后，执委会应向组委会报告详细情况。

（五）处罚措施

1. 因参赛队伍原因造成重大安全事故的，取消其获奖资格。

2. 参赛队伍有发生重大安全事故的隐患，经赛场工作人员提示、警告无效的，可取消其继续比赛的资格。

3. 赛事工作人员违规的，按照相应的制度追究责任。情节恶劣并造成重大安全事故的，由司法机关追究相应法律责任。

十四、竞赛须知

（一）参赛队须知

1. 本赛项为个人赛，每省限报 3 名选手，每名选手限 1 名指导教师。

2. 参赛人员报名获得确认后不得随意更换。如备赛过程中参赛人员因故无法参赛，须经由省级教育行政部门于相应赛项开赛 7 个工作日之前出具书面说明，经大赛执委会办公室核实后予以替换；参赛人员在赛场注册报到后，不得更换。

3. 熟悉竞赛规程，负责做好本参赛队大赛期间的管理工作。

4. 贯彻执行大赛各项规定，竞赛期间不私自接触裁判。

5. 准时参加赛前领队会议，并认真传达落实会议精神，确保参赛选手准时参加各项比赛及活动。

6. 领队在比赛时需密切留意参赛选手的比赛时间，安排充足人员进行调度，避免出现因迟到而被取消比赛资格的现象。

7. 对不符合竞赛规定的设备、软件、工具，有失公正的评判、奖励以及工作人员的违规行为等，均可提出申诉。申诉须在专项竞赛结束后 2 小时内提出，否则不予受理。

8. 领队应负责赛事活动期间本队所有选手的人身及财产安全，必要时为参赛学生购买保险。如发现意外事故，应及时向组委会报告。

（二）指导教师须知

1. 熟悉竞赛规程，指导选手做好各项参赛准备。

2. 比赛过程中，指导教师不得操作任何工具和设备，不得现场书写、传递任何资料给参赛选手。

3. 贯彻执行大赛各项规定，竞赛期间不私自接触裁判。

（三）参赛选手须知

1. 总要求

（1）严格遵守大赛组委会制定的各项竞赛规则和技术要求。

（2）坚决服从大赛组委会和裁判员的指挥、管理。

（3）尊重裁判和赛场工作人员，自觉遵守赛场纪律和秩序，文明参赛。

2. 准备阶段

（1）参赛队领队负责本参赛队的参赛组织以及大赛联络工作。

（2）参赛选手须认真填写报名表各项内容，提供个人真实身份证明，凡弄虚作假者，一经发现立即取消其比赛资格。

（3）参赛队按照大赛赛程安排和具体时间前往指定地点，各参赛选手凭大赛组委会颁发的参赛证和有效身份证件参加比赛及相关活动。

（4）参赛选手进行操作比赛前须检录。检录时应出示本人身份证及参赛证，检录合格后方可参赛。凡未按时检录或检录不合格者取消参赛资格。

（5）参赛选手仪表规范，着装干净整洁，举止大方得体，女选手可适度化妆以符合岗位要求。

（6）参赛选手应自觉遵守赛场纪律，服从裁判、听从指挥。

3. 比赛阶段

（1）专业理论和专业英语口试选手依次按抽签顺序完成，每名选手时间为 3 分钟。

（2）中餐宴会摆台与服务现场操作比赛：每组 6 名选手同时进行比赛，内容包括仪容仪表展示、中餐宴会摆台、餐巾折花、拉椅让座和托盘斟酒。仪容仪表展示 1 分钟，实操比赛操作时间 18 分钟。每组比赛结束后裁判评分。比赛顺序采取抽签的方式确定。

（3）客房中式铺床现场操作比赛：每组 3 名选手同时进行比赛，内容包括仪容仪表展示和客房中式铺床。客房中式铺床比赛仪容仪表展示 1 分钟，实操比赛操作时间 3 分钟。每组比赛结束后裁判评分。比赛顺序采取抽签的方式确定。

（4）参赛选手必须佩带参赛证，按照参赛时段提前 15 分钟检录进入比赛场地进行仪容仪表展示。当裁判员发出"开始准备"口令后，选手进行赛前准备，中餐宴会摆台准备时间 3 分钟，客房中式铺床准备时间 2 分钟。准备就绪后，举手示意。

（5）参赛选手在裁判员宣布"比赛开始"后开始操作。

（6）操作结束后，选手立于工作台前，举手示意"比赛完毕"。

（7）参赛选手在比赛中，除回答裁判的提问外，不得对裁判透露自己的姓名和学校以及对操作过程做任何解释。

4. 结束阶段

（1）参赛选手操作完毕后应立即离开比赛现场，不得以任何借口在赛场逗留。

（2）参赛选手在竞赛期间未经组委会的批准，不得接受其他单位和个人进行的与竞赛内容相关的采访，不得私自公开竞赛的相关情况和资料。

（3）参赛选手在竞赛过程中须主动配合裁判的工作，服从裁判安排；若对竞赛的裁决有异议，须通过领队以书面形式向仲裁工作组提出申诉。

（4）本竞赛项目的最终解释权归大赛组委会。

（四）工作人员须知

1. 树立服务观念，一切为选手着想，以高度负责的精神、严肃认真的态度和严谨细致的作风，积极完成本职任务。

2. 注意文明礼貌，保持良好形象，熟悉大赛指南。

3. 严守大赛秘密。

4. 于赛前 1 小时到达赛场，严守工作岗位，不迟到，不早退，不无故离岗，特殊情况需向大赛组委会请假。

5. 熟悉竞赛规程，严格按照工作程序和有关规定办事，快速准确完成设备、货物复位工作,保证比赛顺利进行。

6. 如遇突发事件,按照安全工作预案,组织指挥人员疏散,确保人员安全。

7. 不得携带通信工具,服从统一领导,严格遵守竞赛纪律,加强协作配合,提高工作效率。

8. 服从统一领导,严格遵守竞赛纪律,加强协作配合。

9. 负责各自赛区的工作人员不得随意进入其他赛区。

十五、申诉与仲裁

本赛项在比赛过程中若出现有失公正或有关人员违规等现象,代表队领队可在比赛结束后2小时之内向仲裁组提出申诉。书面申诉应对申诉事件的现象、发生时间、涉及人员、申诉依据等进行充分、实事求是的叙述,并由领队亲笔签名。非书面申诉不予受理。赛项仲裁工作组在接到申诉后的2小时内组织复议,并及时反馈复议结果。申诉方对复议结果仍有异议,可由省(市)领队向赛区仲裁委员会提出申诉。赛区仲裁委员会的仲裁结果为最终结果。

十六、竞赛观摩

1. 赛场内设定观摩区域和参观路线,向媒体、企业代表、院校师生及家长等社会公众开放,不允许有大声喧哗等影响参赛选手竞赛的行为发生。

2. 在不影响选手比赛的前提下,所有领队、指导教师、参加完本项目比赛的选手凭相应的领队证、指导教师证、参赛证、相关观摩院校、酒店行业人士等凭观摩证件,可在指定场地观摩;指导教师不能进入赛场内指导,可以观摩。

3. 根据比赛场地情况,各代表队观摩人员不超过3人。

4. 口试测试场地谢绝现场观摩,可通过视频直播观看。

5. 所有观摩人员须服从现场工作人员的安排和管理,保持安静,不得用闪光灯,以免影响竞赛的正常进行。不听劝阻造成后果者,追究其责任,并对单位进行通报批评。

6. 当观摩人数超出赛场容量时,赛项执委会将根据现场情况控制观摩人员进入赛场。

十七、竞赛直播

为了更好地做好赛事工作的网络化和信息化,更好地向大家呈现比赛盛况,共享比赛精彩瞬间,突出赛项的技能重点与优势特色,为宣传、仲裁、资源转化提供全面的信息资料，实时录制赛场情况。技能操作环节安排现场观摩，口试环节安排视频直播。赛场外有大屏幕或投影，同步显示赛场内竞赛状况。赛项将安排专门人员负责比赛过程、开赛式、闭赛式及赛项点评等环节的摄像和录像。通过摄像、录像，记录竞赛全过程，并及时将赛事动态提交全国职业院校技能大赛官网，进行信息交流与互动。通过多种途径真实呈现大赛的每个精彩画面。

十八、资源转化

1. 赛项资源转化的内容包括本赛项基本资源和拓展资源，充分体现本赛项技能考核特点。整合优质赛题、获奖选手视频、专家点评视频、指导教师访谈视频等资源，建立资源库，将优质的数字化竞赛资源向公众开放，以形象、立体、直观的方式展现大赛成果，为人才培养提供直观、可借鉴的素材。

2. 本赛项资源转化工作由本赛项执委会与赛项承办校负责，向大赛执委会办公室提交资源转化方案，计划于2017年底前，以网站或网页专题形式，将以上内容和资源陆续整理并上线发布。

3. 本赛项所有转化资源均符合《全国职业院校技能大赛制度汇编》中规定的各项技术标准。

4. 制作完成后的本赛项资源版权由技能大赛执委会和赛项执委会共享，由大赛执委会统一使用与管理。

附录二 2017年全国职业院校技能大赛中职组酒店服务赛项参考题库

英语口试参考题库

一、中餐宴会摆台与服务部分情景应答及答题要点

1. Q: Ask the guests if they have a reservation with your restaurant.

   A: Good evening. Do you have a reservation?

2. Q: How do you check upon the guest's name of the reservation?

   A: Good evening. Under whose name was your reservation made?

3. Q: The guests need a table for 4, and they would like to dine somewhere quiet.

   A: Very well. This way please. Here's a window table for four overlooking the lake. It's very nice and quiet here.

4. Q: Can you explain the terms of breakfast both for adults and children in the hotel?

   A: Sure, we offer breakfast at the rate of 128 RMB for each adult, and it's free of charge for children under 6.

5. Q: The guests would love to try some Chinese food, and they ask for your advice on where to have a dinner party.

   A: The Rose Restaurant of our hotel serves very good Chinese food. It's on the 2nd Floor.

6. Q: Inform the guest that the restaurant is fully booked this evening, and suggest that he book a table the same time tomorrow evening.

   A: I'm sorry. We are fully booked this evening. How about tomorrow? We still have some nice tables available for tomorrow evening.

7. Q: Ask the guests their preference for the egg dishes.

   A: How would you like the eggs done, Scrambled Eggs, Fried Eggs or Omelets?

8. Q: Ask the guests their preference for food, Chinese, Western, Japanese or Korean.

   A: Which style of cuisine would you prefer? We serve Chinese, Western, Japanese and Korean food here.

9. Q: How do you offer to take order for the guests in the evening?

   A: Good evening. May I take your order now? / Are you ready to order now?

10. Q: How do you ask the guest to check his bill?

    A: Here's your bill. Please check it. The fruit combination is on the house.

11. Q: Visit the table to check if your service is satisfactory. Inform the guest the last course will be dessert.

    A: Is everything to your satisfaction? All the dishes have been served as the menu goes, except for the dessert to follow.

12. Q: Ask the guest his preference for fruit juice.

    A: What kind of fruit juice would you prefer? We have grape juice, kiwifruit juice and orange juice.

13. Q: Ask the guest's choice of wine.

    A: Would you like a bottle of red wine to go with your Sirloin Steak?

14. Q: What do you say when serving the guests their dessert?

    A: Here is your dessert. Please enjoy.

15. Q: Ask the guest how he would like his steak prepared.

    A: How would you like your steak done? Rare, Medium or Well-done?

16. Q: What is the duty of a Food and Beverage Manager?

    A: A Food and Beverage Manager is in charge and directs the work of the Department.

17. Q: Tell the guests the general sequence of a Chinese dinner.

    A: Chinese dinner usually starts with cold dishes and ends with a soup.

18. Q: What do you recommend if the guest orders a fresh white water fish?

    A: May I suggest steaming the fish to retain its freshness?

19. Q: How do you ask about the guest's preference for buffet or a la carte service?

    A: How would you like your dinner served? A buffet or an a la carte service?

20. Q: How do you ask about the guest's preference for salad?

    A: What kind of salad would you prefer? We have Ham Salad, Prawn Salad, and Fresh Vegetable Salad.

21. Q: How do you respond to a guest's compliments to your service?

    A: Thank you for your compliments. It's our greatest pleasure to be of service.

22. Q: Tell the guest where to pay his bill.

    A: You may pay the bill at the cashier's desk. This way please.

23. Q: Ask the guest what vegetable he'd like to have with his chicken.

    A: What vegetable would you like to go with your Roast Chicken?

24. Q: What do you say in seeing off the guests?

    A: I'm glad you enjoyed. Thank you for coming! Good-bye.

25. Q: Tell the guest what exactly is the dish of "Spaghetti with Lamb".

    A: "Spaghetti with Lamb" is actually lamb cooked with herbs and served with spaghetti.

26. Q: As a hostess, what's the first thing you need to find out when the guest arrives?

    A: I have to find out whether the guest has a reservation or not.

27. Q: What will a bartender tell the guests about Margarita?

    A: A Margarita is a popular cocktail made by mixing one part of tequila and three parts of dry wine and lemon.

28. Q: What would you say if the guest wants to know the business hours of your restaurant?

    A: We provide restaurant service from 6:30 a. m. to 10:00 p. m. every day.

29. Q: What information do you give when introducing your restaurant to the guest?

    A: I would tell the guest about the style, the specialties, the popular dishes, the business hours of the restaurant.

30. Q: What would you say when you want to recommend something to the guest?

    A: May I recommend this one, madam? / May I suggest you try this one, sir? / Would you like to take a look at this, Miss?

31. Q: After you have finished taking order for the guests, what would you say?

    A: Thank you. Please wait a minute. We'll be back with your order soon.

32. Q: If the guest wants to try some dishes that are typical local specialty of Suzhou, but he has no idea what to order, what would you recommend to him?

    A: I will recommend the Squirrel-shaped Mandarin Fish, the Quick-boiled White Shrimp, and the Stir-fried Shredded Eel with Hot Oil.

33. Q: What would you say to the guest when you are recommending your house

specialty?

A: Would you like to try our house specialty? It's very popular among our guests.

34. Q: How do you respond to a guest's complaint about the dish being too salty?

    A: I will apologize and say: "Let me organize another dish for you."

35. Q: If the guest tells you that his wife is a vegetarian, what would you say?

    A: We do serve delicious vegetarian food in our restaurant. Actually the Tofu dishes are very popular among the guests.

36. Q: If a guest wonders whether he could smoke at the bar, what will you probably say?

    A: I will say: "I'm sorry. But smoking is not allowed anywhere inside the bar."

37. Q: What would you ask when the guest orders whisky?

    A: I will ask "Do you want it straight up or on the rocks?"

38. Q: What is the duty of an Executive Chef?

    A: An Executive Chef decides on the items on the menus, and coordinates the preparation of the food and beverage.

39. Q: What will you do when the guest tells you that there's a miscalculation in the bill?

    A: I will check with the guest carefully. If there is a mistake, I will apologize and then bring the bill back to the cashier's desk to correct it.

40. Q: What would you ask if the guest wants to settle his bill?

    A: How would you like to pay? In cash, by credit card, or room charge?

41. Q: How do you make sure of the number of people in the dinner party?

    A: How many people are there in your party?

42. Q: How do you ask the guests who is paying for the dinner?

    A: Do you want separated bills or just one single bill? / May I know who is paying, please?

43. Q: How do you ask the guests to take their seats?

    A: Would you please take your seats?

44. Q: What do you ask to see if the guest would like to have an aperitif before ordering?

    A: Would you like an aperitif before you order? / Do you care for a drink before you order?

45. Q: If the guest complains that the soup is cold, what should you do?

    A: I will apologize to the guest and promise to return the soup to the chef immediately and get a fresh hot bowl of soup for the guest.

46. Q: What question would you ask further when the guest orders coffee?

    A: Would you like your coffee black or white? / Would you like your coffee with cream or milk?

47. Q: What are the five main kinds of restaurant services?

    A: There are mainly 5 kinds of restaurant services. They are gueridon service, silver service, plate service, buffet service and takeaway service.

48. Q: What's the standard of excellence for restaurant service in a deluxe hotel?

    A: The restaurant service in a deluxe hotel is expected to be fast, polite, very professional and of top quality.

49. Q: Tell the guests about the choices they have for main course.

    A: What would you like to have for main course? We have Sirloin Steak, Roast Lamb, Grilled Prawns and Scallops with Ginger Sauce.

50. Q: Ask and see if the guests would like to have something for dessert.

    A: What would you like for dessert? / What shall I bring you for dessert?

二、客房中式铺床部分情景应答及答题要点

1. Q: How do you respond if a guest wants to buy something nice to take back to his little girl?

   A: I will recommend the hotel gift shop to the guest. And if time permits, I will recommend the local market to him as well.

2. Q: You come to make up room for a guest, but he tells you that he prefers it later because he is busy doing some paper work, what will you say?

   A: I will say: That's all right. I will come back later. What time would it be convenient for you, sir?

3. Q: What will you do if the guest says that she wants to use her hairdryer, but it's 110 volts?

   A: I will tell the guest that the electrical voltage in China is 220 volts. And I will send her a transformer or a hairdryer for 220 volts.

4. Q: What will you say if the guest tells you the temperature in the room is not

agreeable?

A: Don't worry. I will adjust the air-conditioning for you.

5. Q: If the guest comes to you and says he can't open the door with the key to his room, what will you do?

A: I will go and have a check with him, and help to have his key changed if necessary.

6. Q: Try to introduce the different types and styles of rooms in the hotel to Mr. Bellows who is making a reservation over the phone.

A: What kind of room would you like, Mr. Bellows? We have single rooms, double rooms, suites and deluxe suites in Japanese, British, Roman, French and presidential styles.

7. Q: A guest tells you that he is attending an important conference, and wants to have his suit dry-cleaned as soon as possible. What will you do to help?

A: I will suggest that he take the express laundry service. There will be an extra charge of 50% for the express, but the laundry will be sent back to him in four hours.

8. Q: What's the information you give when you're introducing a guestroom to the guest?

A: I will introduce the equipment, the services provided, special facilities and the view the guest may get from the room.

9. Q: You show the guest to his room, and he asks where he can get the slippers. What will you say?

A: "Let me get the slippers for you, they are here in the wardrobe."

10. Q: If the guest says he would like to sleep late the next morning, what will you suggest?

A: Please press the "Do Not Disturb" (DND) button before you go to bed, and you won't be disturbed the next morning.

11. Q: A guest wonders if the outdoor swimming pool of the hotel is a right place to cool off and relax.

A: Our outdoor roof-top swimming pool features a 150-metre long pool. It presents an excellent oasis for the guests to cool off and relax after a busy day.

12. Q: If the guest asks you to look after the baby for her, what will you say?

    A: I'm sorry, madam. I can't do that. It's against our hotel's regulation. But we have a very good baby-sitting service. The sitters are well-educated and reliable.

13. Q: What will the attendant say to help if a guest asks to have a stain on his clothes removed?

    A: Sure. We will try our best to remove the stain but we cannot guarantee the result.

14. Q: What will you say if the guest complains the beef steak sent by Room Service is rare, while he asked for well-done?

    A: I'm terribly sorry. I will inform the Food and Beverage Department; they'll see to the matter and have another steak prepared to your appetite.

15. Q: What will you say if there is no room available for the guest who is calling to make a reservation?

    A: I'm sorry, but we are fully booked. Shall I put you on the waiting list? We will contact you if there is a cancellation.

16. Q: How do you respond to an unexpected request from the guest?

    A: I'm not sure, but we'll see what we can do for you. / I can't guarantee, but let's see what we can do.

17. Q: Tell the guest how to use the "Make up Room" sign.

    A: If you want the housemaid to make up your room earlier, just hang the "Make up Room" sign outside on the door.

18. Q: Tell the guest how to ask for Room Service by telephone.

    A: You can dial 515 to ask for Room Service. Room Service is available round the clock.

19. Q: Explain to the guest the hotel preference policy in making up rooms.

    A: We always make up the check-out rooms first, unless there is a request.

20. Q: Explain to the guest the use of the Hotel Service Directory.

    A: By referring to the Hotel Service Directory on the writing desk, you'll find detailed information about all the services we provide in the hotel.

21. Q: Inform the guests about the free shoe shining service of the hotel.

    A: The hotel provides free shoe shining service for the guests. Just put them into the shoe basket if you want to have them polished.

22. Q: Tell the guests about the voltage difference between the USA and China; remind him that the sockets in the bathroom are for 110 volts and 220 volts respectively.

    A: The voltage here is much higher than that in the USA. There're two sockets in the bathroom, one is for 110 volts and the other 220 volts.

23. Q: The guest would prefer the turndown service for him after 9:00 pm when you'll be off duty. How do you respond?

    A: Don't worry, sir. I will make sure to let the night staff know, and he'll do the turndown service for you after 9:00 pm.

24. Q: Explain to the guest how to use the door knob menu to order and have his breakfast in the room.

    A: You may use the door knob menu to order Room Service. Just tick the items you'd like for breakfast, write down the time, and hang the door knob menu outside the door before you go to bed tonight.

25. Q: The guest orders Room Service, and now you are delivering his breakfast to the room. What do you say after knocking on the door?

    A: This is Room Service. I've brought you your breakfast.

26. Q: Phone the guest and tell him that you've found the cell phone he lost the other day.

    A: This is Lost and Found. We have found your cell phone.

27. Q: Apologize to the guest for the delay of his baggage delivery.

    A: I'm sorry for the delay. But the bellman is delivering your baggage up to your room now.

28. Q: A visitor comes to meet Mr. Smith in Room 2501, but he is not in the room now, what do you say to the visitor? .

    A: I'm afraid Mr. Smith is not in the room now. Would you like to leave a message?

29. Q: How do you respond if a guest complains that one of the pillows in his room smells funny?

    A: I'm sorry, sir. I will have a new pillow sent to your room right away.

30. Q: How do you check with the guest when sending up his luggage?

    A: Here we are, Room 1208. You've got three pieces of luggage in all. Is that right, sir?

31. Q: How do you ask the guest to make sure if there is something identical attached to his luggage?

    A: Is there a tag or anything identical attached to your luggage, sir?

32. Q: The guest wants to know if he can make a direct dial international call from his room.

    A: Yes, sir. You can make a direct-dial international call from your room. Please dial 9 first, and then the country code, the area code and finally the telephone number.

33. Q: Tell the guest where to leave his laundry.

    A: Just leave your laundry in the laundry bag behind the bathroom door. The attendant will come and collect the laundry.

34. Q: Tell the guests to contact you when they have requests.

    A: If you have any requests, please feel free to let us know, we are always at your service.

35. Q: You're sending back the laundry to Mr. Dave. Tell him a button on his shirt is missing, and you've sewed on a new one for him.

    A: Mr. Dave, here's your laundry. By the way, one button was missing from your shirt, and we've sewed on a new one.

36. Q: One guest looks worried, show your concern and offer your help.

    A: Good afternoon, you look worried. What has happened? How can I help you? / Can I be of assistance?

37. Q: Apologize for the inconvenience caused to the guest, and assure him it will not happen again.

    A: I'm sorry for the inconvenience, sir. I assure you this won't happen again.

38. Q: The guest tells you that he's just had a shower, and the bathroom is quite a mess.

    A: Don't worry sir. I will tidy up your bathroom right away.

39. Q: How do you greet the checking-in guests at the Front Desk?

    A: Good morning. Welcome to the Hotel. Do you have a reservation?

40. Q: What are the items of information a receptionist should ask the guests to enter when filling out the registration form?

    A: The receptionist should make sure that such information items as the guest's full name, address, nationality, forwarding address, visiting purpose and signature are all entered correctly and legibly.

41. Q: How do you ask for guests' personal information politely?

    A: Excuse me. May I have your name, address and your telephone number?

42. Q: Inform the guest that you are able to accept his booking.

    A: We are glad to tell you that we are able to accept your booking.

43. Q: How to ask about the Room Rate for a double room?

    A: What is the price for a double room? / How much is a double room per night?

44. Q: You've helped the guest check in at the Front Desk. And now tell him to follow the bell boy to his room.

    A: If you are ready, the bell boy will show you up to your room.

45. Q: How do you inform the guest of the arrival of his visitor?

    A: A certain Mr. Zhang wants to see you, sir. He is now waiting in the lobby.

46. Q: How do you ask the speaker to slow down?

    A: Excuse me, but would you please slow down a little? / Excuse me, madam, but would you mind slowing down a bit?

47. Q: Give two examples of making courteous parting remarks.

    A: Thank you for calling us, sir. / Thank you for choosing us for your service, sir. / Thank you for staying with us, sir. / Thank you for using Room Service, sir.

48. Q: How do you talk about distance when showing guests the way?

    A: It takes about 20 minutes to get there by taxi/bus/on foot. /It is 20 minutes' taxi ride/ bus ride/ walk from here.

49. Q: How do you check if the visitor of a guest, named Williams, has an appointment?

    A: Did Mr. Williams know that you were coming? / Is Mr. Williams expecting you? / Do you have an appointment with Mr. Williams?

50. Q: How do you offer to take a message for a guest?

    A: Would you like to leave a word/message? / Anything you'd like me to tell/pass along to the guest?

专业知识口试题库

中餐宴会摆台与服务部分

一、简答题

1. 请列举中国菜的特点。

答：（1）历史悠久；

（2）原料广博；

（3）菜品繁多；

（4）选料讲究；

（5）配料巧妙；

（6）刀工精湛；

（7）善于调味；

（8）注重火候；

（9）技法多样；

（10）讲究盛器。

2. 简述中餐午晚餐点菜单填写的步骤。

答：（1）填写台号、人数、服务人员的姓名和日期；

（2）正确填写数量和品名；

（3）空行用笔画掉；

（4）如有特殊要求，用其他颜色笔注明；

（5）冷菜、热菜和点心分单填写，以便厨房分类准备和操作；

（6）点完菜后，主动推销介绍酒水，填写酒水单。

3. 简述高档餐具的特点。

答：（1）白度或明度高；

（2）透光度高；

（3）釉面质量平整光滑，光泽度高；

（4）无变形或极轻微的变形，装饰精美；

（5）具有能满足实用要求的理化性能；

（6）根据菜式要求成套配置。

4. 简述接受点菜的要点。

答：（1）首先了解客人有无特别要求；

（2）点菜时应主动介绍菜式的特点，帮助宾客挑选本餐厅的特色菜，特别是厨师当天推荐的创新菜、时令菜、特价菜，点菜完毕后，应复述给宾客听，并询问是否有错漏等；

（3）主动向宾客推销酒品、饮料；

（4）入厨单应迅速准确，遇到特殊宾客要求要加以注明，必要时与生产部门交代沟通。

5. 简述英式早餐的内容。

答：（1）咖啡、茶；

（2）各种果汁、蔬菜汁；

（3）各式面包配黄油和果酱；

（4）冷和热的谷物，如玉米片、燕麦粥等；

（5）各式蛋类；

（6）火腿、香肠和腌肉等肉类。

6. 简述营业结束后清理酒吧的主要内容。

答：（1）搞好吧台内外的清洁卫生；

（2）将剩余的酒水、配料等妥帖存放；

（3）将脏的杯具等送至工作间清洗、消毒；

（4）打开窗户通风换气，以消除酒吧内的烟味、酒味；

（5）处理垃圾。

7. 自助餐厅餐前准备的具体工作有哪些？

答：（1）按要求着装，按时到岗；

（2）按要求和规范做好环境卫生；

（3）擦拭和检查各类餐具和器具；

（4）备足开餐时所需的调味品；

（5）装饰布置自助餐台；

（6）按规范摆放食物和摆台；

（7）参加餐前会；

（8）站立恭候客人光临。

8. 宴会预订业务的程序是什么？

答：（1）做好预订前的准备工作；

（2）做好宴会预订受理工作；

（3）填写宴会预订单、处理预订资料；

（4）编制宴会预算；

（5）签发宴会预订确认书。

9. 客房送餐食品服务的内容有哪些？

答：（1）早餐服务：为客人提供欧陆式、英式、美式和中式早餐；

（2）午餐、晚餐服务：提供烹调较为简单、快捷的西餐和中餐；

（3）点心服务：提供三明治、面条、饺子和甜点等。

10. 饭店星级的划分与评定中要求的服务基本原则是什么？

答：（1）对宾客礼貌、热情、亲切、友好、一视同仁；

（2）密切关注并尽量满足宾客的需求，高效率地完成对客服务；

（3）遵守国家法律法规，保护宾客的合法权益；

（4）尊重宾客的信仰与风俗习惯，不损害民族尊严。

11. 手工洗涤的餐具常见的消毒方法有哪些？

答：（1）煮沸消毒法；

（2）蒸汽消毒法；

（3）高锰酸钾溶液消毒法；

（4）漂白粉消毒法；

（5）红外线消毒法；

（6）"84"消毒液消毒法。

12. 请简述西餐菜品与酒水的搭配。

答：（1）餐前饮开胃酒，如味美思、比特酒或鸡尾酒等；

（2）喝汤可以不饮酒或配饮较深色的雪利酒等；

（3）进食海鲜类或口味清淡的菜肴时，配饮白葡萄酒；

（4）进食牛排、羊排、猪排等时则配饮红葡萄酒；进食火鸡、野味等菜肴时，配饮玫瑰红葡萄酒或红葡萄酒；

（5）奶酪——配饮甜葡萄酒或继续饮用主菜酒类；

（6）甜点——配饮甜葡萄酒、雪利酒或利口酒；

（7）餐后——配饮甜酒或甜鸡尾酒，如利口酒、钵酒等；

（8）香槟酒可搭配任何西菜。

13. 饭店员工言行举止应达到的要求有哪些？

答：（1）语言文明、简洁、清晰，符合礼仪规范；

（2）站、坐、行姿符合各岗位的规范与要求，主动服务，有职业风范；

（3）以协调适宜的自然语言和身体语言对客服务，使宾客感到被尊重、舒适；

（4）对宾客提出的问题应予以耐心解释，不推诿和应付。

14. 简述鸡尾酒的基本结构。

答：（1）基酒：以烈性酒作为基酒，如金酒、威士忌、白兰地、伏特加、朗姆酒及特基拉酒等；

（2）辅料和配料：辅料一般为柠檬汁、菠萝汁、橙汁和汽水，而配料是指糖、盐、鲜奶、红石榴汁、丁香、豆蔻粉等；

（3）装饰物：多以各类水果为主，如红樱桃、青橄榄、黄菠萝、橙子、柠檬等。有时也用植物的青枝绿叶当装饰物。

15. 饭店员工培训工作的特点有哪些？

答：（1）饭店的培训工作有极强的针对性；

（2）培训形式灵活多样；

（3）培训内容广泛；

（4）实施培训的难度较大。

16. 请简述上菜规范摆放的具体要求。

答：（1）主菜肴的观赏面应正对主位，其他菜肴的观赏面要朝向四周；

（2）各种菜肴摆放时要讲究造型艺术，应根据菜品原材料的颜色、形状、口味、荤素、盛器、造型对称摆放；

（3）如果有的热菜使用的是长盘，盘子要横向朝着客人；

（4）上热菜中的整鸡、整鸭、整鱼时，中国传统的习惯是"鸡不献头，鸭不献掌，鱼不献脊"。

17. 请简述自助餐服务销售特点。

答：（1）自助餐餐台布置要求美观、醒目、富有吸引力，并方便宾客取菜；

（2）宾客用餐程序自由；

（3）宾客用餐时间、节奏自定；

（4）菜点品种丰富，宾客可据自己喜好自由选择；

（5）服务程序简化，节省人力；

（6）餐前、餐后工作压力大。

18. 请简述菜单定价必须遵循的基本原则。

答：（1）菜单的价格制定必须符合市场定位，适应市场需求；

（2）价格必须反映产品的价值；

（3）价格制定要符合国家政策，接受物价部门的指导和监督；

（4）菜单价格体系在一定时期内相对稳定，且具有灵活性。

19. 标准菜谱的设计内容是什么？

答：（1）基本信息；

（2）标准配料及配料量；

（3）规范的烹调程序；

（4）烹制份数和标准份额；

（5）每份菜肴标准成本；

（6）食品原料质量标准；

（7）成本质量要求与彩色图片。

20. 简述法式菜的特点。

答：（1）选料广泛，品种繁多；

（2）讲究烹饪，注重调味；

（3）用料新鲜，讲究搭配。

21. 请简述餐饮管理的任务。

答：（1）确保洁净、优雅的就餐环境；

（2）广泛组织客源，扩大产品销售，提高回头客比例，培养忠诚顾客；

（3）保持并不断提高菜肴质量，不断更新品种；

（4）加强食品原料的采购、储藏管理及食品卫生与安全管理；

（5）做好餐饮成本控制工作，加强部门物资、财产管理；

（6）严格餐厅销售服务管理，提高服务质量；

（7）合理组织人力，提高工作效率。

22. 简述餐饮服务的特点。

答：（1）直接性；

（2）一次性；

（3）无形性；

（4）同步性；

（5）差异性。

23. 餐厅服务人员的相关能力要求有哪些？

答：（1）语言能力；

（2）应变能力；

（3）推销能力；

（4）技术能力；

（5）观察能力；

（6）记忆能力；

（7）自律能力；

（8）服从与协作能力。

24. 饭店组织机构设计应遵循哪些原则？

答：（1）目标明确化原则；

（2）等级链原则；

（3）分工协作原则；

（4）管理幅度恰当原则；

（5）精简高效原则。

25. 标准菜谱在餐饮生产管理中的作用有哪些？

答：（1）能使产品的分量、成本和质量始终保持一致；

（2）所有厨师等生产人员只需按菜谱规定的制作方法加工产品，从而减少管理人员现场监督管理的工作量；

（3）便于生产管理人员根据菜谱安排生产计划；

（4）保证所有厨师能烹制出符合质量要求的产品；

（5）便于管理人员对厨师的调配使用。

26. 饭店服务质量的基本要求有哪些？

答：（1）以人为本，内外结合；

（2）全面控制，"硬、软"结合；

（3）科学管理，点面结合；

（4）预防为主，防管结合。

27. 中餐厅服务中传菜服务有何要求？

答：（1）准确传菜：确认点菜单、桌号；

（2）检查质量：做到"五不取"；

（3）安全传菜：传送平稳、汤汁不洒；

（4）合作协调：通知值台员，撤回脏餐具；

（5）行走路线：按指定路线行走，防止碰撞；

（6）联络协调：保持餐厅与厨房的协调，以满足客人的就餐需求。

28. 请简述精品饭店具有的特点。

答：（1）主题性；

（2）差异化的饭店环境；

（3）特殊的客户群体；

（4）服务个性化；

（5）服务定制化；

（6）服务精细化等。

29. 请简述饭店员工培训工作的基本程序。

答：（1）进行调查分析，确定培训需求；

（2）制订培训计划；

（3）改进培训计划；

（4）实施培训计划；

（5）进行培训监督；

（6）进行考核评估后归档；

（7）总结、记录、报告培训结果；

（8）按以上程序循环并进行下一轮培训工作。

30. 简述接待信奉宗教的客人的注意事项。

答：（1）熟悉不同宗教的餐饮禁忌和礼节；

（2）通过察言观色、多种途径了解客人信奉的是哪种宗教，有什么忌讳；

（3）在菜单上要特别注明，交代厨师用料时不可冒犯客人的忌讳，并注意烹饪用具与厨具的清洁；

（4）上菜前认真检查，以免出错；

（5）不要议论客人，不要交头接耳让客人产生误解。

二、应变题

1. 接到客人电话预订时怎么办？

答：（1）电话铃响3声或10秒钟内接听电话，自报餐厅名称并礼貌地向客人问好；

（2）详细了解并记录客人的要求和基本情况；

（3）接受预订后要重复客人电话的主要内容；

（4）告知客人预订保留时间；

（5）如不能满足客人预订要求则请客人谅解；

（6）做好记录并向客人表示欢迎和感谢，等客人挂电话后再挂电话。

2. 客人来就餐，但餐厅已经客满，怎么办？

答：（1）礼貌地告诉客人餐厅已客满，并询问客人是否先到候餐处等待；

（2）迎宾员要做好候餐客人的登记，请客人看菜单，并提供茶水服务；

（3）在了解餐厅用餐情况后，应告诉客人大约等待的时间，并时常给客人以问候；

（4）一旦有空位，应按先来后到的原则带客人入座；

（5）如果客人不愿等候，建议客人在本饭店其他餐厅用餐或向客人表示歉意并希望客人再次光临。

3. 餐厅客人中有儿童，服务时怎么办？

答：（1）尽量安排客人在偏僻一点的地方；

（2）热情帮忙摆放儿童椅；

（3）提供儿童菜单；

（4）换上不易打碎的儿童餐具，给儿童的饮品要用短身的杯子和弯曲的吸管；

（5）注意儿童的心理特点，最重要的是把菜肴尽快给他们；

（6）注意避开在儿童的位置上菜；

（7）服务时注意儿童餐桌上的餐具和热水，把易碎的物品挪至小孩够不着的地方，以防止对小孩的损伤和物品的损坏。

4. 客人预订了宴会，但过了预订抵达时间还未到，怎么办？

答：（1）马上与宴会营业部联系，查明客人是否取消宴会或推迟赴宴；

（2）若是宴会延迟，立即通知厨房；

（3）若是宴会取消，按宴会合同进行处理。

5. 用餐的客人急于赶时间，怎么办？

答：（1）将客人安排在靠近餐厅门口的地方就餐，以方便客人离开；

（2）介绍一些制作简单的菜式，并在订单上注明情况，请厨房、传菜配合；

（3）在各项服务上都应快捷，尽量满足客人要求，及时为客人添加饮料、撤换餐盘；

（4）预先备好账单，缩短客人结账时间。

6. 为客人推荐酒水时，怎么办？

答：（1）站在主人的右侧或适当的位置；

（2）根据客人所点菜品为客人推荐合适的酒水；

（3）介绍酒水品种时，中间应有所停顿，让客人有考虑和选择的时间；

（4）准确记录客人所点酒水的种类、数量，要重复一遍，以确认；

（5）礼貌地请客人稍候，并尽快为客人呈上酒水。

7. 若客人点的是需要冰冻的酒水（如白葡萄酒、香槟酒）怎么办？

答：（1）应准备一套冰桶，加 1/3 冰块，再加水至冰桶 1/2 满；

（2）把所点的酒水斜放在冰桶里，商标朝上；

（3）如客人事先预订，要事先冰镇好酒水待用；

（4）是否需要冰镇，提前征求客人意见。

8. 客人在用餐过程中感到不适时，服务员应如何处理？

答：（1）保持镇静；

（2）报告上级；

（3）食物留样；

（4）保管客人随身物品；

（5）安抚其他客人；

（6）随时遵从上级指示。

9. 客人因等菜时间太长，要求取消食物，怎么办？

答：（1）先检查点菜单，了解原因；

（2）如果不是点菜的问题，到厨房了解是否正在烹调。若在烹调，回复客人稍候，并告诉客人出菜的准确时间；若未烹调，通知厨房停止烹调，向上级汇报，按餐厅管理权限取消菜肴；

（3）为避免类似情况再次发生，点菜时对于烹调时间较长的菜式，应事先告知。

10. 如何为行动不便的宾客提供就餐服务？

答：（1）应尊重、关心、体贴和照顾；

（2）当他们到达餐厅时，应立即上前搀扶，帮助放妥手杖及携带物品；

（3）如客人以轮椅代步，要安排在方便出入和靠墙的位置就座；

（4）盲人入座后，服务员要主动读菜单帮助点菜；

（5）尽量满足客人需要。

11. 客人在用餐过程中，要求改菜，怎么办？

答：（1）对客人的要求，我们要尽量满足；

（2）通知传菜部了解原菜式是否烹调，若已烹调，应婉言回绝客人，并征求客人意见是否需要加菜；

（3）若未烹调，应马上按客人的要求重新填写点菜单交厨房，并按餐厅管理权限取消原菜式。

12. 发现未付账的客人离开餐厅时，服务人员该怎么办？

答：（1）为预防此类情况发生，值台服务员应密切关注所负责区域内客人的动向；

（2）将对账单递给客人；

（3）一旦发现未付账的客人离开餐厅时，服务员应马上追上前有礼貌地小声把情况说明，请客人补付餐费；

（4）如果客人与朋友在一起，应请客人站到一边，再将情况说明，以免使客人感到难堪；

（5）整个过程要注意礼貌，避免客人反感而不承认，给工作带来更大的麻烦。

13. 当客人反映菜肴不熟时，服务员应该做些什么？

答：（1）应虚心听取客人的意见；

（2）如果因烹制的火候不足或加热不当造成不熟时，应向客人道歉，征求客人同意后更换一份，并请客人原谅；

（3）如果因客人不了解菜肴而误以为菜肴不熟时，应礼貌地说明菜肴的风味特点、烹制方法和食用方法等，使客人消除顾虑。同时要照顾到客人的自尊心，不要引起客人的不满和误解；

（4）在处理过程中，应态度和善真诚，语言清晰自然，避免让客人尴尬的语言出现。

14. 当服务员不慎将菜肴汤汁溢出时，服务员的正确做法是什么？

答：（1）应立即向客人道歉，迅速清理并用干净的餐巾垫在餐台上，以免影响客人继续用餐；

（2）如果因服务员操作不当将汤汁溢洒在客人的衣物上，应向客人道歉，同时在征得客人同意的情况下，及时用干净的毛巾为客人擦拭衣物（男服务员不宜为女宾客擦拭），并按照规定的管理权限主动提出为客人提供免费洗涤服务；

（3）如果是因客人自己不小心溢洒在衣物上，服务员也应该立即主动为客人提供帮助，擦拭衣物（男服务员不宜为女宾客擦拭），并安慰客人，根据客人的要求为客人推荐洗涤服务。

15. 营业时间内，某种食物售罄，怎么办？

答：（1）在餐厅营业时间内，某种食物售罄，这时，厨房应通知传菜领班，传菜领班应马上写在售罄食物通告板上，并告知餐厅经理或餐厅领班；

（2）若此时还发现入厨单上有此类卖完的菜，应立即通知餐厅经理或领班出面向客人解释和致歉；

（3）营业时间内，各员工都应经常注意售罄食物通告板上的项目；

（4）当客人点菜时点到已售罄的食物时，应向客人解释、致歉，并推荐类似的菜肴。

16. 客人认为他所点的菜"不是这样的菜"时，怎么办？

答：（1）细心听取客人的看法，明确客人所要的是什么样的菜；

（2）若是因服务员在客人点菜时理解错误或未听清而造成的，应马上为客人重新做一道他满意的菜，并向客人道歉；

（3）若是因客人没讲清楚或对菜肴理解错误而造成的，服务员应耐心地向客人解释该菜的制作方法及菜名的来源，取得客人的理解；

（4）由餐厅经理出面，给客人一定的折扣，弥补客人的不快。

17. 当菜品加价，客人有意见不愿付增加款项怎么办？

答：（1）菜品加价，应及时调整菜单；

（2）餐厅的熟客经常到餐厅光顾，各供应品种的价钱多少，他们往往了如指掌，服务员接待这类客人时可事先告知该食品已经加价，先把工作做在前面；

（3）如果客人在吃完后才发现食品加价，并很有意见，服务员应诚恳地向其道歉，并承认忘记告诉他该食品已加价；

（4）请示主管或经理，是否先按未加价的价格收款或加收所增加金额的一半，下一顿再按现价付；

（5）要使熟客觉得餐厅处处都在关心他，照顾他，从而使他更喜欢到本餐厅用餐。

18. 客人反映账单不准确时，服务员正确的做法是什么？

答：（1）应马上与客人一同迅速核查所上的菜肴、酒水和其他收费项目；

（2）如果因工作失误造成差错，员工应立即表示歉意，并及时修改账单；

（3）如果因客人不熟悉收费标准或算错账目，则应小声向客人解释，态度要诚恳，语言友善，不使客人感到尴尬或难堪；

（4）宴会服务应杜绝出现因账目问题而引起的纠纷或客人投诉，确保账目准确无误。

19. 宴会中遇到醉酒客人时应怎么办？

答：（1）婉言拒绝提供含酒精成分的饮料，可以提供果汁、矿泉水等软饮料，并要有礼貌地谢绝客人的无理要求；

（2）遇到困难时，可以请该宴会同来的其他客人帮助，并提供协助；

（3）如有呕吐，应立即清理污物，送上小毛巾和热茶，不可显出不悦的表情；

（4）对于醉酒严重的客人，可安排到不打扰其他客人的靠里面的席位上，或者安排在隔开的餐室内；

（5）如客人醉酒后借机打架、打砸家具或餐具，服务员应立即与保安部门联系，请求协助，尽快平息事态，并记下被损坏家具和餐具的数量，查清金额，请宴会同来的清醒者签字，按规定要求赔偿；

（6）事后将事故情况及处理结果记录在工作日志上。

20. 在餐厅发生火灾时该怎么办？

答：（1）保持镇静，若为小火，立即采取措施扑灭；

（2）若为大火，立即报告总机；

（3）大声告知客人不要惊慌，听从工作人员指挥，组织客人从安全通道疏散到安全区域，不能乘电梯；

（4）如有浓烟，协助客人用湿毛巾捂住口鼻，弯腰行进；

（5）开门前，先用手摸门是否有热度，不要轻易打开任何一扇门，以免引火烧身；

（6）疏散到安全区域后，不可擅自离开；

（7）收银员应尽量保护钱款和账单的安全，以减少损失。

21. 大型宴会的主办单位负责人要求控制饮品时，怎么办？

答：（1）根据客人的要求，提供相应的饮品和数量；

（2）在服务中应注意不要浪费饮品，并保留瓶和饮料；

（3）若客人需要的饮品种类超出负责人的指定控制范围，服务员应用语言艺术婉转回绝客人，并推荐控制范围内的品种；

（4）若饮品数量有可能超出控制标准时，应征求负责人的意见，再进行相应处理。

22. 上菜时发现桌面摆不下新菜怎么办？

答：（1）整理台面，留出空间；

（2）撤掉空盘；

（3）征得客人同意后合并同类菜或帮助分派；

（4）将剩的不多的菜换小盘；

（5）切忌菜盘重叠摆放。

23. 宾客请服务员代为点菜时，怎么办？

答：（1）宾客请服务员代为点菜时，服务员应慎重考虑，细心观察，运用看、听、问的方法对宾客进行了解，根据宾客的风俗习惯、饮食习惯、具体人数、消费水平和口味要求，做出合理恰当的安排；

（2）"看"就是看年龄、性别、态度、举止情绪；

（3）"听"就是听口音判断其国籍、地区，然后根据其地区及民族的饮食特点推荐相应的菜点；

（4）"问"就是询问宾客有什么具体要求。选配菜式时，有宗教信仰的要尊重其生活禁忌。品种下定后，应向宾客讲述菜式品种、规格、价目，经宾客同意后才能开点菜通知单入厨。

24. 服务员上菜前应该如何把关？

答：（1）与客人菜单不符不上；

（2）菜不熟不上；

（3）量不够不上；

（4）颜色不对不上；

（5）不合卫生要求不上；

（6）菜不够热不上。

25. 餐厅突然停电应该如何处理？

答：（1）首先应保持镇静，设法稳定住客人情绪，向客人道歉并告知客人只是临时停电，请勿随意走动，以免造成意外伤害；

（2）立即采取应急照明措施，如开启应急灯或点燃蜡烛，并特别注意走廊和洗手间照明，同时注意就餐客人情况，避免发生趁乱逃账现象；

（3）马上向工程部了解停电原因；

（4）如果是餐厅供电设备出了问题，就立即要求派人检查修理，在尽可能短的时间内恢复供电；

（5）如果是地区停电，或是其他一时不能解决的问题，应采取相应的对策。对在餐厅用餐的客人要继续提供服务，向客人道歉并暂不接待新来的客人；

（6）如果事态严重，应听从管理人员指示，安排客人有序离场，并致歉。

26. 宾客请服务员介绍菜品时怎么办？

答：（1）介绍菜品所属菜系、风味特色、代表性的名菜及本店特色菜、当日特别推荐的菜等；

（2）介绍菜品的原料、烹调方法与技巧、口味特点及烹调时间、售价等；

（3）介绍菜品的主要食用方法、营养价值；

（4）介绍菜品要真实、可信，不要夸张与渲染；

（5）介绍菜品时语言清晰、简练，不可含糊啰唆；

（6）介绍菜品典故与传说要活泼生动，带给客人愉悦感；

（7）针对不同的客人采用不同的介绍方法，同时要讲究语言技巧，并随时观察客人的反应。

27. 为客人斟倒酒水时，服务员不小心碰翻了客人的酒杯，怎么办？

答：（1）服务员因操作不慎而将酒杯碰翻时，应向客人表示歉意；

（2）用工作餐巾吸干酒渍，并用一块干净餐巾铺在酒迹之上，换上同型号酒杯，重新斟酒；

（3）如果因服务员过错而弄脏了客人的衣服，应用干净毛巾将客人的衣服擦干净，如污迹擦不干净，征得客人同意后，免费为客人提供洗涤服务；男服务员不应为女宾客擦拭，应请女服务员代劳。

28. 负责主桌的服务员在主宾或主人离席讲话时怎么办？

答：（1）在主宾或主人讲话前，服务员要先把每位客人的酒杯斟满；

（2）在主宾或主人离席讲话时，服务员要将酒杯放在托盘上，站立在主宾或主人身后一侧；

（3）主宾或主人讲话结束时迅速送上，以便其举杯敬酒；

（4）在客人发表讲话时，服务员要停止一切服务操作，站立在工作台一旁，不可随意走动；

（5）适时与厨房保持联系，暂缓出菜、传菜。

29. 客人提出食物变质时应该怎么办？

答：（1）服务员应耐心聆听客人的意见，并向客人表示歉意；

（2）立即把食物撤回后台，请厨师长或餐厅经理检验食物是否变质；

（3）若食物确已变质，可为客人取消该菜并推荐其他菜式，并可以考虑免费赠送类似的菜肴；

（4）若食物没有变质，则应由餐厅经理出面向客人解释该菜肴的原料、配料、制作过程和口味特点等；

（5）处理过程要尽量轻声，以不影响其他客人为宜。

30. 客人在饭菜中吃出杂物来怎么办？

答：（1）以最诚恳的语言向客人表示歉意；

（2）安抚客人并尽量减少其他客人的注意，减小影响；

（3）按客人要求重新制作或退掉此菜，如果重新制作此菜必须等到新上的菜上桌后再将有杂物的菜撤回厨房，以免引起客人的误会；

（4）必要时通知领班或主管以其他方式如送果盘等给客人以示补偿。

客房中式铺床部分

一、简答题

1. 简述客房设备用品配置的基本要求。

答：（1）体现客房的等级和礼遇规格；

（2）起到广告推销作用；

（3）客房设施的配套性；

（4）摆放的协调性；

（5）以功能需要为转移，功能与美观相统一；

（6）反映现代化需求，又要体现民族风情和地方特色。

2. 客房对客服务质量控制的三大目标是什么？

答：（1）以顾客为中心；

（2）促进饭店的持续改进；

（3）预防客房产品不合格。

3. 饭店防火工作要求服务人员的"四会"指什么？

答：（1）会报警；

（2）会使用消防器材；

（3）会扑救初起火灾；

（4）会疏导宾客。

4. 遗留物品处理的简要程序是什么？

答：（1）发现客人的遗留物品，要及时送交客人；

（2）如果客人已离开饭店，要积极与客人取得联系并遵照客人要求处理；

（3）无法交还客人的物品，要详细填写宾客遗留物品登记表。

5. 客房设备资产管理的内容包括哪些？

答：（1）设备分类编号；

（2）设备登记；

（3）设备建档。

6. 客房产品的特点是什么？

答：（1）价值不能贮存；

（2）所有权不发生转移；

（3）以"暗"的服务为主；

（4）随机性与复杂性。

7. 简述空房的清扫要求。

答：（1）每天进房开窗、开空调，通风换气；

（2）用干抹布除去家具设备及物品上的浮尘；

（3）每天将浴缸和脸盆的冷热水及便器的水放流1~2分钟；

（4）连续几天为空房的，要吸尘一次；

（5）检查客房有无异常情况；

（6）检查浴室"五巾"是否因干燥而失去弹性和柔软度，如不符合要求，要在客人入住前更换；

（7）给地漏注水。

8. 客房清扫的规定有哪些？

答：（1）客房清扫应于客人不在房间时进行，如客人在房间需征得客人同意后方可进行；

（2）养成进房前先思索的习惯；

（3）注意房间挂的牌子；

（4）养成进房前先敲门通报的习惯；

（5）在房内作业时，必须将房间打开，用顶门器把门支好；

（6）讲究职业道德，尊重客人的生活习惯；

（7）厉行节约，注意环境保护。

9. 客房清扫保养的准备工作有哪些？

答：（1）签领客房钥匙；

（2）准备清洁工具；

（3）了解、分析房态；

（4）确定清扫顺序等。

10. 客房清扫顺序是什么？

答：（1）请即打扫房；

（2）总台或领班指示需提前打扫的房间；

（3）VIP房；

（4）走客房；

（5）普通住人房；

（6）空房；

（7）长住房应与客人协调，定时打扫。

11. 客房安全管理的特点是什么？

答：（1）多样性；

（2）复杂性；

（3）高影响性；

（4）高员工参与性。

12. 客房店级检查体系包括哪些内容？

答：（1）大堂副理检查；

（2）总经理检查；

（3）联合检查；

（4）邀请店外专家同行检查。

13. 旅游饭店星级评定检查的项目包括哪些？

答：（1）必备条件；

（2）设施设备；

（3）饭店运营质量。

14. 饭店节能减排应遵循的"4R"原则是什么？

答：（1）减量化原则；

（2）再循环原则；

（3）再使用原则；

（4）替代使用原则。

15. 饭店在处理客人投诉时，如何设法使客人缓解情绪？

答：（1）认真倾听客人的投诉；

（2）要有足够的耐心；

（3）注意语言；

（4）慎用微笑。

16. 饭店综合服务素养主要体现在哪几个方面？

答：（1）服务人员的仪容仪表；

（2）服务人员的礼节礼貌；

（3）服务人员的态度；

（4）服务人员的技能；

（5）服务清洁卫生等。

17. 客房的发展趋势是什么？

答：（1）服务简便化；

（2）设施智能化；

（3）设备自动化；

（4）设计人性化；

（5）客房绿色化；

（6）房型多样化等。

18. 什么是小整服务？

答：小整服务主要是整理客人午睡后的床铺，必要时补充茶叶、热水等用品，使客房恢复原状；有的饭店还规定对有午睡习惯的客人，在其去餐厅用餐时应迅速给客人开床，以便客人午休等。小整服务一般是为VIP客人提供的，内容大致与夜床服务相似。

19. 决定棉织品购买数量的因素有哪些?

答:(1)饭店应有的棉织品储存量;

(2)饭店洗衣房工作运转是否正常;

(3)饭店是否经常停水、停电;

(4)是店内洗衣房洗涤还是店外洗衣公司洗涤。

20. 简述客房 MINI 吧服务的要点。

答:(1)客房服务员上午在整理客房时,清点饮料,核对或填写 MINI 吧酒水单,上报服务中心入账,补充饮料。

(2)服务中心人员在指定时间里每天统计、填写楼层饮料日报表,及时补充饮料。

(3)客人走后应立即进房检查、清点。如有饮用,及时通报前台收款处。

21. 简述客房服务中心的优缺点。

答:优点:①节省人力,降低成本;②环境安静,体现"宾客至上"宗旨;③有利于统一调度与控制。

缺点:①缺乏亲切感;②随机服务差;③客人感到不便。

22. 地毯的清洁保养有哪些方式?

答:(1)定时吸尘;

(2)及时除污渍;

(3)定期彻底清洗。

23. 简述客房部(部分酒店洗衣房隶属于客房部的情况下)原始记录的主要内容。

答:(1)客房接待服务工作记录;

(2)物品消耗记录;

(3)洗衣房工作记录;

(4)制服与布草房工作记录。

24. 领班查房的意义是什么?

答:(1)客房清扫质量控制的关键;

(2)现场督促指挥;

(3)执行上级的管理意图;

(4)反馈信息;

(5)查遗补漏。

25. 酒店智能化系统管理中客房常用的电子表格与报表有哪些?

答:(1)服务员工作表;

（2）房务报告表；

（3）周期清洁表或计划卫生表；

（4）领班查房表；

（5）客房返工单；

（6）房客维修意见表；

（7）维修通知单；

（8）综合查房表。

26. 简述清洁剂使用时的注意事项。

答：（1）应有计划地、定期地使用清洁剂做好清洁工作；

（2）应了解各类清洁剂的主要性能，掌握正确的使用方法；

（3）从市场购回的清洁剂多为浓缩液，使用时应按说明书要求进行稀释；

（4）避免使用劣质的粉状清洁剂。

27. 设计客房组织机构应考虑的因素有哪些？

答：（1）客房部的清洁范围；

（2）选择服务模式；

（3）楼层服务与清洁岗位的分与合；

（4）确定洗衣房与布件房的关系；

（5）洗衣房的归属。

28.《旅游饭店星级的划分与评定》（GB/T14308-2010）中对饭店客房印刷品的要求有哪些？

答：（1）内容与实际服务吻合，语言、文字等准确、流畅、清楚；

（2）印刷精美，便于阅读；

（3）图案、色彩与饭店装修总体风格协调，富有美感和文化性；

（4）摆放方式醒目合理，保养良好。

29. 客衣洗涤时应遵守哪些规定？

答：（1）明确要求，严格检查；

（2）严格打码，防止混淆；

（3）掌握技术要求，保证衣服洗涤质量。

30. 一般哪些物品为客人的遗落物品？

答：（1）遗落在抽屉或衣柜内的物品，如衣服、围巾等；

（2）具有文件价值的信函和信件，如收据、日记等；

（3）所有有价值的东西，如珠宝、信用卡等；

（4）身份证件。

二、应变题

1. 当发现客人不会使用客房的设备时，怎么办？

答：（1）向客人道歉，并做详细介绍；

（2）说话时要注意态度和语言艺术，使客人不至于觉得难堪和不快；

（3）如果客人仍不清楚，则派人去现场示范。

2. 一位住店客人因在房间摔跤而受伤，服务员应如何处理？

答：（1）道歉并安慰客人，马上联系医生；

（2）向上级汇报，通知相关部门进行特殊照顾；

（3）陪同上级到房间探病问候，对所发生的事情向客人道歉，必要时采用补救措施；

（4）做好事发经过记录，防止类似的事情再次发生。

3. 客人住下后，要求调房时，怎么处理？

答：（1）当客人住下后要求调房时，应了解客人要求调房的原因；

（2）及时与前厅部联系，尽量为客人调整合适的房间。如果房间紧张，一时无法调换时要向客人耐心解释，并表示一旦有空房将马上为其调换；

（3）如果调房原因是房间设备有问题，除为客人调换房间外，还要及时请维修人员来检查维修。

4. 客人反映在客房失窃时，服务员该如何处理？

答：（1）倾听客人反映情况，详细了解客人丢失物品的细节，不做任何结论；

（2）协助客人寻找，但在房间时请客人自己查找，以免发生不良后果；

（3）确实找不到的话，要立即向上级汇报；如果发生重大的失窃（价值较大）事件，应马上保护现场，立即报告保安部门。

5. 发生火灾时，应如何处理？

答：（1）及时发现火源，迅速查清楚失火的燃烧物质；

（2）及时报警，讲清楚详细地址、时间、燃烧物质、火情、报告人等信息；

（3）如果火源燃烧面积较小，可根据火情用水桶、灭火器材、消防栓等进行扑救；

（4）火灾发生时，应迅速打开紧急出口和安全梯，有组织地疏导宾客。

6. 在楼面发现可疑人，怎么处理？

答：（1）主动上前查问；

（2）如发现对方神态有异样时立即报告保安部，派人处理并向经理汇报；

（3）做好发现可疑人的情况记录。

7. 清扫房间时，如果发现房内有大量现金，怎么处理？

答：（1）立即通知领班；

　　（2）由大堂副理在保安人员及领班的陪同下，将房门反锁；

　　（3）客人回来后，由大堂副理开启房门，并请客人清点现金；

　　（4）提醒客人使用保险箱。

8. 服务员清扫客房时，客人在房间，应如何处理？

答：（1）清扫过程中动作要轻，速度要快，不能与客人长谈；

　　（2）如果客人有问话，应注视客人并回答；

　　（3）如果客人不同意清扫客房，则应将房号和客人要求清扫的时间写在工作表上，以免遗忘。

9. 清扫客房时，房门上挂有"请勿打扰"牌，应如何处理？

答：（1）不予打扰；

　　（2）及时在工作表上记录；

　　（3）等客人取下该牌，再进房清扫；

　　（4）如果到下午2点房间还是"请勿打扰"状态，应告知大堂副理，由大堂副理打电话到房间或上楼检查此房；

　　（5）如判断是客人忘记取下"请勿打扰"牌，则安排客房服务员进行清扫工作，由大堂副理留言告知客人。

10. 当你在岗位上工作时，如有客人缠着你聊天，你应如何处理？

答：（1）询问客人是否有事需要帮助；

　　（2）礼貌地向客人解释，工作时间不便长谈；

　　（3）如果客人不罢休，可借故暂避。

11. 客人外出回房时，发现房间未整理而投诉，应如何处理？

答：（1）应向客人诚恳道歉，并做适当解释；

　　（2）征求客人意见是否可以马上整理房间；

　　（3）做好记录，并安排第二天优先整理该房。

12. 如何做好托婴服务？

答：（1）根据婴儿家长意见照看小孩，确保婴儿安全；

　　（2）在饭店所规定的区域内照看小孩，不擅离职守；

　　（3）如果婴儿突发疾病，应立即联系家长并请示主管人员，以得到妥善处理。

13. 客人要求代买药品时，应如何处理？

答：（1）首先婉言向客人说明不能代买药品；

（2）向客人推荐酒店的医务室；

（3）如果客人不想看病，坚持让服务员为其代买药品，应由大堂副理通知酒店医生到客人房间，再由医生决定是否从医务室拿药给客人。

14. 服务员发现宾客在饭店内意外受伤，应如何处理？

答：（1）立即报告上级，同时帮助客人，征求客人意见是否去医院；

（2）如果客人伤势较重，应由保安人员配合大堂经理、医务人员与客人家属或朋友一同护送前往医院；

（3）记录客人情况及处理措施。

15. 客房部服务员发现客人患突发性疾病，应如何处理？

答：（1）要沉着冷静，立即报告上级；

（2）客房部管理人员应立即与驻店专业医护人员或受过专业训练的员工赶到现场，实施急救处理；

（3）如果病情不严重，经急救处理后，送客人去医院，做仔细检查及治疗；

（4）如果客人患上重症或急症，应立即通知大堂经理和值班经理，把病人送到医院，绝不可延误时间；

（5）事后写出报告（列明病由、病状及处理方法和结果）。

16. 遇到客人投诉，应如何处理？

答：（1）认真倾听，适当记录；

（2）表示同情和歉意并真诚致谢；

（3）立即行动，及时处理；

（4）认真落实，监督检查；

（5）记录存档。

17. 服务员在清洁或服务过程中发现有违禁品，应如何处理？

答：（1）详细记录并及时上报，必要时请保安部出面处理；

（2）不得私自翻动客人的违禁物品；

（3）严禁私自处理客人遗留的违禁物品，更不要延时上交、上报；

（4）记录处理情况。

18. 发现客人休克或有其他危险情况时，怎么处理？

答：（1）立即通知上级采取相应措施；

（2）不得随意搬动客人，以免发生意外；

（3）事后写出报告（列明病由、病状及处理方法和结果）。

19. 发现客人有传染病时，怎么处理？

答：（1）关心安慰客人，稳定客人情绪；

（2）请驻店医生为其诊断；

（3）确认后将客人转到医院治疗；

（4）请防疫部门对客人住过的房间进行消毒；

（5）彻底清洁客房，销毁客人用过的棉制品及一次性用品。

20. 发现客人损坏酒店财物时，应如何处理？

答：（1）礼貌地了解客人损坏设备的原因，保留好现场；

（2）将此情况报告大堂副理，由大堂副理与客人协商索赔事宜；

（3）客人同意赔偿后，请客人签字确认。

21. 服务员在整理房间时，房间内的电话响起怎么办？

答：（1）不能随便接听客人电话，以免造成各种嫌疑和不便；

（2）如碰到客人回到房间可告知客人具体时间有来电。

22. 叫醒服务时，电话没人接怎么办？

答：（1）客人提出叫醒要求时，服务员要根据客人要求在"叫醒时间表"或"交班记录表"上做好详细记录，叫醒客人的时间必须准确；

（2）房间无人接听电话时，应立即通知楼层，由当值服务员去敲门，确实做好叫醒客人的服务。

23. 收集洗衣时，发现客人没有填写洗衣单怎么办？

答：（1）如果客人在房间，要请客人补填洗衣单；若客人要求代为填写，服务员填写完毕后要让客人过目，签名确认；

（2）如果客人不在房间，则该袋洗衣不能收集，需上报大堂副理是否送洗并留言给客人。但如果长住客人已口头吩咐，则可以收集送洗，等客人回来后再提醒客人。

24. 发现客人在房间内打架或争吵怎么办？

答：（1）马上通知楼层主管或客房部办公室及保安；

（2）不要自作聪明地擅自为客人解决问题；

（3）不要看热闹；

（4）把发生的情况写在交班记录表上。

25. 酒店突然停电或楼层突然停电怎么办？

答：（1）不要大声喧哗、惊慌，应立即通知工程部，查明原因；

（2）不要乱窜、乱跑动；

（3）如有客人询问应向客人解释；

（4）随时帮助客人。

26. 在楼层上发现客人酗酒怎么办？

答：（1）客人酗酒后有的会大吵大闹或破坏饭店财物或呕吐甚至不省人事；

（2）在楼层发现酗酒客人时，要根据醉客的情绪，适时（当）劝导，使其安静，同时立即通知上级和酒店的保安人员；

（3）协助将客人安置回房休息，但要注意房内动静，及时采取措施避免客房家具受到损坏或醉客吸烟不慎而造成火灾；

（4）对醉客进行帮助是必要的，但服务员在楼层走廊遇见醉客回房时，切忌单独搀扶客人进入房间或帮助客人解衣服等，以免发生不必要的意外。

27. 如何答复客人的询问？

答：（1）了解（细听）客人问询的内容；

（2）已清楚的情况下尽快给客人答复；

（3）在自己不清楚的情况下，不要胡乱作答，在查询清楚后，才可告知客人。

28. 宾客抱怨小酒吧酒水收费太贵，员工应如何应对？

答：（1）不能顶撞或轻视宾客的行为；

（2）耐心倾听并认真解释："先生/女士，对不起，饭店的收费标准是根据国家有关物价局标准制定的，相信您的消费是物有所值的"；

（3）如经过解释宾客仍不能接受，可通过上级或大堂副理向宾客做进一步的解释工作。

29. 深夜，客人来电说隔壁客人很吵，无法入睡，应如何处理？

答：（1）向客人道歉，问清房号（包括嘈杂的房间号）；

（2）打电话或是亲自前往房间，劝告喧哗、吵闹的客人；

（3）如问题无法解决，则建议客人转房。

30. 住客中有病人时怎么办？

答：（1）住店客人生病时，服务员应关心客人，及时报告医务室和主管；

（2）多留意客人情况，并交班处理；

（3）客人病情严重时立即送其去医院，如无家属陪同应暂时陪同护理，设法尽快通知病人家属或接待单位；

（4）如发现客人患了传染病，则客人使用过的房间、茶具应在医生指导下进行严格的消毒处理。

责任编辑：贾东丽

图书在版编目（CIP）数据

酒店英才　放飞梦想：教育部全国职业院校技能大赛中职组酒店服务赛项成果展示．2017 / 全国旅游职业教育教学指导委员会主编． -- 北京：旅游教育出版社，2018.12

ISBN 978-7-5637-3860-1

Ⅰ．①酒… Ⅱ．①全… Ⅲ．①饭店－商业服务－高等职业教育－教学参考资料 Ⅳ．①F719.2

中国版本图书馆CIP数据核字(2018)第255619号

酒店英才　放飞梦想
——教育部全国职业院校技能大赛中职组酒店服务赛项成果展示2017
全国旅游职业教育教学指导委员会　主编

出版单位	旅游教育出版社
地　　址	北京市朝阳区定福庄南里1号
邮　　编	100024
发行电话	（010）65778403　65728372　65767462（传真）
本社网址	www.tepcb.com
E - mail	tepfx@163.com
排版单位	北京旅教文化传播有限公司
印刷单位	天津雅泽印刷有限公司
经销单位	新华书店
开　　本	787毫米×1092毫米　1/16
印　　张	10.25
字　　数	154千字
版　　次	2018年12月第1版
印　　次	2018年12月第1次印刷
定　　价	58.00元（含光盘）

（图书如有装订差错请与发行部联系）